지구를 구하는 십 대 환경 운동가
그레타 툰베리

지구를 구하는 십 대 환경 운동가

그레타 툰베리

발렌티나 카메리니 글 | 베로니카 베치 카라텔로 그림 | 최병진 옮김

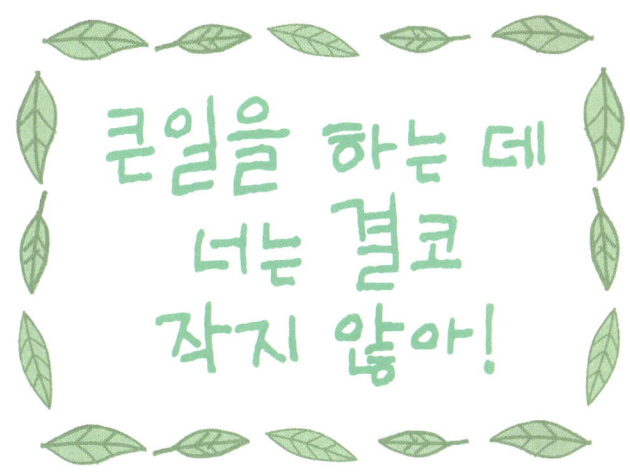
큰일을 하는 데
너는 결코
작지 않아!

주니어김영사

차례

그레타 툰베리 ······7

1. '기후를 위한 학교 파업'의 시작 ·········· 8
2. 열다섯, 아스퍼거 증후군 소녀 ·········· 21
3. 지구 온난화와 기후 변화 ·············· 45
4. 사람들을 움직이는 그레타 툰베리 ····· 50
5. 세상에서 가장 유명한 환경 운동가 ····· 60
6. 세계 정치인에게 보내는 메시지 ········ 67
7. 다보스 '세계 경제 포럼'에 초청받다 ···· 73

- 8. 미래를 위한 금요일 86
- 9. 노벨 평화상 후보에 오르다 94

- 어린이를 위한 지구 온난화 이야기 98
- 우리는 무엇을 할 수 있을까? 102
- 용어 설명 107
- 환경 오염 연표 114
- 참고 자료 119

그레타 툰베리

　스웨덴 소녀 그레타 툰베리는 열다섯 살 때 환경을 위해 삶을 바꿔야 한다고 생각했다. 그로부터 몇 개월이 지난 후, 그레타는 수백만 명의 사람이 지구의 건강을 생각하도록 만들었다. 힘 있는 정치인에서 보통 사람에 이르기까지 모두 환경 문제 해결 방법을 고민하게 된 것이다.

　그레타가 보여 준 '용기'와 '결단력'은 우리가 어려운 문제를 만났을 때 어떻게 행동하면 좋은지 알려 준다. 그레타가 이야기한 것처럼 나이가 어리다는 것은 삶을 변화시키는 데 아무런 문제가 되지 않는다.

1
'기후를 위한 학교 파업'의 시작

8월의 어느 날 아침, 그레타는 더는 지구의 상황을 무시하면 안 된다고 생각했다. 지구를 위해 뭔가를 하기로 결심했다. 지구 온난화로 인한 기후 변화가 점점 더 걱정스러웠기 때문이다. 하지만 정말 아무도 이 문제를 심각하게 받아들이지 않았다.

세계 각 나라의 국회에는 엄숙하게 앉아 여러 가지 중요한 문제를 다루는 정치인들이 있었지만, 이들 중 기후 변화를 걱정하는 사람은 없었다. 너무 늦기 전에 그 사람들이 아이들의 미래를 바꿀 수 있는 환경에 관심을 갖고 보호하도록 지금의 심각한 현실을 깨닫게 해 줄 필요가 있었다.

"그래. 기후 변화 문제보다 중요한 건 없어. 다른 문제들은 얼마든지 기다릴 수 있어."

그레타는 머리를 두 갈래로 땋아서 질끈 묶었다. 그러고는 체크무늬 셔츠 위에 파란 스웨터를 입고 집에서 준비한 피켓을 들고 걸어 나갔다. 피켓에는 '기후를 위한 학교 파업'이라고 써 있었다. 사람들에게 나눠 줄 종이도 준비했다. 그레타는 종이에 사람들에게 알려야 하는 기후 변화에 대한 중요한 이야기를 적어 놓았다.

스웨덴 학교의 방학은 8월이면 끝난다. 2018년 8월에 그레타는 열다섯 살이었고 다른 또래 아이들처럼 학교에 가야 했다. 하지만 그레타는 학교 반대편에 있는 도시 중심가의 국회를 향해 힘차게 자전거 페달을 밟았다.

스웨덴 국회 건물은 아름다우면서도 위엄이 있었다. '릭스다그'라고 불리는 국회는 스톡홀름의 중심인 '헬게안스홀멘'이라는 섬에 있었다. 섬이라고 놀랄 필요는 없다. 스톡홀름은 여러 개의 섬으로 나뉘어져 있고 이 중 몇 개의 섬은 너무 커서 사람들이 자기가 있는 곳이 섬인지 육지인지 차이를 느끼지 못하는 경우도 있기 때문이다.

릭스다그는 스웨덴 시민이 선출한 국회의원들이 국가의 여러 가지 문제를 논의를 하는 곳이다. 또 문제를 해결하기 위한 법을 제정하는 곳이기도 하다. 국회의원은 시민의 삶을 변화시킬 수 있는 법안을 만들어 내는 사람들이다. 그레타는 국회의원들이 지구 온난화에 대한 문제를 시급하게 생각할 수 있도록 누군가 나서서 이야기해 줄 필요가 있다고 생각했다.

지구에 가하는 충격을 줄이는 방법 중에는 일상생활에서 자원의 오염이나 낭비를 줄이는 개인의 노력도 있다. 하지만 안타깝게도 지금 지구의 상황은 개개인의 노력만으로는 충분하지 않다. 개인의 노력을 넘어 복잡한 현실의 이해관계 속에서 환경을 보호할 수 있는 새로운 법을 제정해야 했다.

이 일은 국회에서 일하는 국회의원이 아니면 누구도 할 수 없는 일이었다.

그래서 그레타가 아침부터 국회에 직접 찾아간 것이다.

그레타는 2018년 8월 20일에 처음으로 등교 파업을 했고 그날의 이유를 이렇게 설명했다.

"어린이들은 어른들이 이야기하는 대로 듣고 따르죠."

하지만 어른들이 미래에 대해 아무것도 준비하지 않는 것처럼 보인다면? 그런 상황이라면 그레타는 스스로 미래를 만들어 나갈 준비를 해야 한다고 생각했다.

"학교에 가는 것은 의미 없을지도 몰라."

그레타의 선택은 학교 파업이었다. 그레타는 어른들이 항의할 때 쓰는 방법을 택했다. 어른들은 종종 일터에 나가 일하는 대신 광장이나 길거리에서 모였고, 종이와 띠를 두르고 소리를 지르기도 했다. 하지만 그레타의 파업은 조금 달랐다. 가장 큰 차이점은 지구에 사는 모든 사람을 위해 그레타 혼자 가서 항의했다는 점이다.

사람들은 호기심 어린 눈으로 피켓을 들고 서 있는 소녀를 보았다. 몇몇은 누구인지, 무엇을 하는 건지 질문을 던지기도 했다. 그레타는 보통 교실에 있을 시간인 8시 30분부터 오후 3시까지 국회 앞에 서 있었다.

 파업 첫날, 그레타는 홀로 그곳에 있었다. 어떤 국회의원도 이 상황에 관심을 보이지 않았다. 하지만 그레타는 좌절하지 않았다.

 다음 날도 그레타는 아침 일찍 일어나 옷을 입고 자전거 페달을 밟아 국회 앞으로 갔다. 도착해서 같은 피켓을 꺼내 들었다. 파업은 진행 중이었다.

 그런데 항의를 하던 두 번째 날, 믿기 힘든 일이 일어났다. 지나가던 몇몇 사람이 호기심 어린 눈으로 바라보는 대신 그곳에서 그레타와 함께 남아 있기로 결정한 것이다. 그레타는 이제 더 이상 혼자가 아니었다. 그녀의 곁에는 남자아이들과 여자아이들이 함께하기 시작했다.

 세 번째 날, 국회 앞에는 사람들이 삼삼오오 모여 찾아오기 시작했다. 유모차에 아이를 데리고 오는 엄마도 있었고, 흰머리가 난 나이 많은 아주머니와 읽을 책을 들고 온 학생들도 있었다. 파업에 참여하는 사람들이 점점 늘어나고 있었다.

국회 앞에 모인 사람들은 서로 이야기하며 생각을 나누었다. 스웨덴 여름의 끝자락은 예년에 비해 기온이 상당히 높았다.

여섯 번째 날이 되자, 그레타는 모두에게 소셜 네트워크 서비스를 활용해서 파업 사진과 정보를 공유해 달라고 부탁했다. 관심이 있지만 참여하지 못한 사람도 '메시지와 좋아요, 공유'를 통해 환경을 위한 파업을 지지한다는 사실을 보여 줄 수 있기 때문이다.

그렇게 해서 스웨덴 국회 앞에서 일어나고 있는 상황들이 조금씩 알려지기 시작했다. 그레타도 매일 학교 파업 현장을 사진으로 남겼고 인스타그램에 일기처럼 기록했다. 그레타의 친구들과 지인들이 그레타를 언제 만날 수 있는지, 직접 찾아가도 될지 물어 왔다. 그레타는 누가 어디에서 오든 환영했다.

점점 더 많은 사람이 직장이나 학교에 지각을 하고, 아침 식사를 거르고, 쇼핑을 포기하면서 그레타와 함께 국회를 향해 앉아 있기 시작했다.

　국회 앞에는 매일매일 파업에 참여하는 사람이 늘어났다. 그들은 그레타의 이야기를 듣고 파업이 충분한 가치가 있는 행동이라는 것을 알게 되었다. 우리가 살아가는 삶의

터전인 지구를 지키기 위해 신속한 결정과 지체하지 않는 행동의 필요성을 인식하게 된 것이다.

    국회의원들은 그레타의 앞을 지나 릭스다그에 있는 자신의 사무실로 향했다. 그들은 대부분 이 파업을 무시했지만

몇몇 국회의원들은 파업에 참여한 사람들에게 좋은 일을 한다고 칭찬하기도 했다.

열다섯 살 소녀 그레타의 이야기는 스톡홀름에 점점 퍼져 나갔다. 호기심 많은 기자들은 이 파업을 더 많은 사람에게 설명하기 위해 그레타를 찾기 시작했다. 이뿐만 아니라 엄마 손을 잡은 아이, 할머니와 할아버지, 여러 소년 소녀가 더 많이 찾아왔다. 몇몇은 그레타에게 먹을 것과 마실 것을 가져다주기도 했다.

파업을 시작한 지 9일째가 되었을 때, 파업을 하던 사람들은 스톡홀름 섬 중 하나인 감라스탄으로 이동해야 했다. 파업에 참여하는 사람이 많아져 더 이상 국회 앞을 차지할 수 없어졌기 때문이다. 유명한 관광지이기도 한 감라스탄에는 민토르게트라는 아름다운 광장이 있다. 시위대는 국회에서 멀지 않은 민토르게트 광장에서 파업을 이어 갔다.

이런 일들이 점점 더 많이 알려지면서 더 많은 사람이 스톡홀름에서 일어나는 일에 대해 궁금해했다. 영국의 주요 신문 〈가디언〉은 그레타의 이야기를 다루기로 결정했고 〈가디언〉은 '기후를 위한 파업'에 대한 기사의 제목을 다음과 같이 정했다.

'열다섯 살의 스웨덴 아이는 기후의 위기를 막기 위해 수업에 가지 않았다'

많은 사람이 신문에서 기후 파업에 대한 기사를 읽고 동의했다. 스웨덴의 크고 작은 여러 도시에 사는 사람은 물론 시골 마을에 사는 사람까지, 점점 더 많은 사람이 그레타의 호소에 귀를 기울였고 동참했다.

스웨덴 남부 도시 린셰핑에도 많은 사람이 모였다. 그들은 광장의 분수 옆에서 그레타가 보여 주었던 것과 같은 문구의 피켓을 들고 서 있었다. 그리고 로마에서 자전거를 찍은 사진 한 장이 도착했다. 자전거 페달에 기대어 놓은 종이에는 이렇게 써 있었다.

"고마워, 그레타. 우리도 너와 함께할게."

처음 집에서 국회로 갔던 8월 아침, 그레타의 목적은 명확했다. 그레타는 시민들이 국회의원을 선출하는 날인 9월 7일까지 파업을 하려고 했다. 선거 후에는 국회에서 새로

운 시민의 대표가 일을 시작하기 때문이다.

  많은 사람이 그녀의 생각을 지지했고, 그레타는 가능하면 더 많은 사람에게 '기후를 위한 파업' 소식을 알리는 것이 좋겠다고 판단했다. 그리고 마지막 날, 관심 있는 모든 사람을 초대하기 위해 팸플릿을 만들어서 나눠 주었다. 팸

"기후를 위한 파업!"

어디서? 민토르게트에서!

언제? 2018년 9월 7일 금요일
      오전 8:00부터 오후 3:00까지

당신과 함께

먹을 것과 마실 것,
앉을 수 있는 돗자리를 가져올 것!

플릿에는 이렇게 적혀 있었다.

　9월 6일, 이미 여름은 끝났다. 회색 하늘은 이제 비를 뿌릴 준비가 되었다는 표정을 짓고 있었다. 그레타는 노란 비옷을 입고 세상 사람들에게 자신이 하는 일에 동참해 달라고 외쳤다. 모든 사람이 함께 지구의 미래를 가꾸어 가도록 초대했던 것이다. 그레타의 요청은 가치 있는 것이었다.

　그리고 7일 아침, 마침내 사람들이 그레타의 요청에 응답했다. 이제 신문 기자와 정치인, 스웨덴의 시민, 그리고 세계 곳곳의 사람들까지 그레타의 질문에 관심을 갖기 시작했다.

　그레타는 자신을 찾아온 사람들에게 지구 온난화가 지구의 삶을

불가능하게 만들기 전에 온실가스를 절대적으로 줄여야 한다고 설명했다. 그런데 왜 시민이 선거를 통해 선출한 정치인들은 이 문제의 해답을 중요하게 생각하지 않을까? 왜 지나간 몇 주 동안 이 문제를 논의하지 않았을까?

그레타는 자신의 SNS 프로필에 더 이상 지구가 뜨거워지는 것을 막기 위해서 온실가스를 어느 정도 제한하고 줄여야 하는지 그래프로 올려놓았다.

정치인들은 이 문제를 앞에 두고 무엇을 할까?

'기후를 위한 학교 파업'을 통해 그레타가 던진 질문은 스웨덴 국회에서 일하는 모든 사람에게 전달되었고, 그레타는 이제 답을 기다릴 차례가 되었다.

그러나 스톡홀름 파업은 단지 시작일 뿐이었다.

2
열다섯, 아스퍼거 증후군 소녀

그레타는 놀라운 결단력을 보여 주며 유명한 소녀가 되었지만, 늘 이렇게 용감했던 것은 아니다. 스웨덴의 국회 의사당 앞에서 모험을 시작하기 전에는 수줍고 조용하며 내성적인 아이였다. 그저 교실 맨 마지막 줄 책상에 앉아서 조용하게 수업을 듣는 학생 중 한 명이었다. 그레타의 삶에서 특별하고 인상적인 사건은 아무것도 없었다. 그레타가 수많은 아이에게 확신을 주고 자신을 따르게 만들 것이라고는 아무도 상상하지 못했다.

하지만 그레타는 늘 환경 문제에 관심을 갖고 있었다. 처음으로 환경 문제 이야기를 들었을 때는 그레타가 아주 어릴 때였다. 그레타는 여덟 살 때, 지구의 기후가 바뀌고 있다는 사실을 알아챘다.

학교에서 선생님들은 종종 전기를 아끼는 것이 얼마나 중요한지 이야기했다. 방에서 나갈 때는 불을 꺼야 하고, 음식을 남기지 말고 물도 낭비하지 말라고 했다. 그레타는 이런 이야기를 듣고 호기심이 생겼다. 그리고 가장 단순한 질문을 던졌다.

"왜 그래야 하는 거지?"

몇몇 사람은 그레타에게 인간이 자연을 활용하는 방식이 기후 변화를 일으키는 원인일 수 있다고 설명해 주었다.

기후가 변하고 있다는 사실은 그레타에게 매우 무겁게 다가왔다. 정말 그렇다면 모든 사람이 이 문제를 진심으로 걱정해야 했다. 기후 변화가 중대한 문제라는 점을 이해하기 위해 자격증이 필요한 것도 아니었다.

하지만 그레타가 더욱 믿기 어려웠던 것은, 어린 그레타가 이토록 심각하게 여기는 문제를 어떤 어른도 중요하게 생각하지 않는다는 점이었다. 그레타는 정말 걱정스러웠!

어떻게 모든 사람이 눈앞에 놓인 이 큰 문제를 해결하려고 노력하지 않을까? 그런 어른이 없다는 것이 정말 가능한 일일까? 사람들은 텔레비전, 뉴스, 인터넷에서 수많은 문제를 끊임없이 이야기하고 설명하는데 왜 지구 온난화나 기후 변화 문제를 다루지 않지? 어떻게 이렇게 편안하게 살면서 환경의 변화가 세계를 위험하게 만든다는 사실에는 관심을 갖지 않는 걸까?

그레타는 이 질문의 답을 찾는 방법을 몰랐다. 그리고 그 사실에 낙담했고 슬퍼했다. 어른들이 이 문제를 고민하지 않는다는 점도 계속 혼란스러웠다.

사실 그레타가 환경 문제에 대해서 이렇게 심각하게 생각하는 데에는 다른 이유도 있었다. 그레타는 또래 친구들과 조금 달랐다. 열한 살 때 아스퍼거 증후군 진단을 받았던 것이다.

아스퍼거 증후군이 있는 사람은 종종 특정 문제에 관심

이 있을 때, 머릿속에서 계속해서 그 문제에 집중하고 반복해서 생각하는 특징이 있다. 그레타에게 환경 문제가 바로 그런 경우였다.

우리는 살아가면서 매일 매일 수많은 정보와 뉴스, 다양한 이야기를 접하고 있다. 어떤 뉴스는 우리를 놀라게 하고 감정적으로 변화시키며 걱정하게 한다. 하지만 대부분의 정보는 우리가 일상생활에 몰두하면서 차츰 잊혀진다. 우리는 환경 오염이 정말로 심각하다고 생각하지만 조금만 시간이 지나면 머릿속의 한구석으로 이 생각들을 밀어 버린다. 그러고는 친구 집에 가기 위해서 매연을 내뿜는 자동차나 오토바이에 올라탄다. 그러나 그레타에게 이 문제는 그리 간단하지 않았다. 그레타의 머리는 일반 사람들과 다른 방식으로 작동하기 때문이다. 세상은 흑백으로 구분되며, 정의로운 상황과 정의롭지 못한 상황만 있었다. 그래서 환경 오염이 중요한 문제라고 생각하지 않을 수도 없고, 일상 속에서 환경을 오염시키는 행동을 계속할 수도 없었다.

그레타가 어렸을 때, 한번은 학교에서 선생님이 바다를

오염시키는 플라스틱에 대한 다큐멘터리를 보여 준 적이 있었다.

화면에서는 배고파하는 북극곰과 사람이 버린 플라스틱 때문에 생명을 위협받는 동물의 모습이 지나갔다. 그레타는 그 교실의 다른 모든 아이들처럼 많이 놀랐고, 걱정하기 시작했다. 그리고 하루 종일 울었다. 하지만 그레타의 친구들은 영화가 끝나고 교실의 불이 켜지자 곧바로 다른 주제로 떠들기 시작했다. 그레타는 쉬는 시간 동안 오후에 무엇을 하며 보낼지, 그다음 날까지 내야 하는 숙제를 어떻게 할지 정해야 했지만 아무것도 할 수 없었다. 플라스틱이 오염시킨 지구의 이미지는 머릿속에서 떠나지 않았다.

그레타는 스웨덴의 신문 〈스벤스카 다그블라다터〉가 주최한 기사 쓰기 경진 대회에 참여하기로 결심하고 자신이 온 관심을 쏟고 있는 환경 오염에 관한 기사를 썼다.

그레타의 글은 경진 대회에서 가장 가치 있는 기사로 뽑혀 상을 탔다. 기사는 신문에 실렸고, 환경을 보호하기 위해 노력하는 행동가들은 잘 준비된 젊은 기고가에게 관심을 보이며 연락해 왔다. 그레타는 신문의 도움으로 자신과 같은 고민을 하는 사람들을 알게 되었다. 그들은 시민들이 바다 쓰레기와 기후 변화에 관심을 갖도록 연구하고 토론하며 해결책을 찾아 나갔다. 그러나 불행히도 어떤 논의도 모든 사람을 설득할 수 없었다. 매번 어떤 해결책도 내놓지 못한 채 마무리되고는 했다. 하지만 그레타는 포기하지 않았다. 그레타는 정말 평범한 사람과 달랐다.

그레타는 자신의 호기심을 발전시킬 수 있는 특별한 능력이 있었고 그 문제에 더 집중하려고 노력했다. 아스퍼거 증후군은 보통 결단력이 높고 놀라울 정도로 문제에 집중하는 특성이 있다.

그레타는 몇 년 동안 기후 변화를 깊게 공부했고, 또래 아이들에 비해서 더 빠르고 폭넓게 이해했다. 그리고 전문가 수준으로 잘 정리했다.

학교에서 박물관을 방문했을 때, 박물관의 전시 설명에서 이산화 탄소 배출량이 잘못 표기된 것을 발견하고는 정확하지 않은 정보에 화가 많이 났다. 그레타가 얼마나 화가 났던지, 설명도 듣지 않고 친구들 무리에서 멀리 떨어져 입구에 혼자 앉아 있을 정도였다.

그레타는 더 많이 읽을수록 근심이 더 커졌다. 그러면서 만약 지구의 온도가 지속적으로 높아진다면 자신의 미래가 어떻게 변할지 스스로 질문해 보았다. 막막하고 두려웠으며, 다가오는 우울함을 피하지 않고 이 문제를 마주하는 것이 어려웠다.

안타깝게도 그레타는 말이 많은 아이가 아니었다. 괴로운 마음을 혼자 견뎌야 했다. 그레타는 더 많이 슬퍼하고 좌절했다. 결국 아침에 학교에 가기 위해 집을 나서지 못할 정도가 되었다.

열한 살이 되었을 때, 이 슬픔은 진짜 마음의 병으로 바뀌었다. 마치 그레타의 몸 안에서 뭔가 부서진 것 같았다.

의사는 이 증세가 우울증이라고 생각했다. 그레타는 말하고 읽는 것을 멈췄고 심지어 먹는 것도 중단했다. 두 달 만에 몸무게가 10킬로그램이나 빠졌다. 그레타는 마치 이 세상에 정의가 사라졌기 때문에 더 이상 살아야 할 가치가 없다고 생각하는 것 같았다.

그레타의 아빠 스반테 툰베리와 엄마 말레나 에른만은 학교에서 무슨 일이 있었는지 알아봤지만 선생님들은 특별한 문제가 없었다고 했다. 하지만 그레타가 너무 조용하고 다른 아이들과 자신을 떨어뜨려 놓으려는 성향이 있다고 했다.

그레타의 엄마는 그레타를 이해하기 어려웠지만, 그렇다고 이 문제를 그렇게 심각하게 생각하지도 않았다. 그레타는 남보다 조금 조용하고 내성적인 아이라고 생각했다. 그게 잘못된 것은 아니니까.

그레타는 자라면서 자신이 엄마를 통해 접했던 음악의 도움을 받고 있다는 것을 알았다. 노래는 그레타가 세상에서 자신의 자리를 찾고 자신감을 회복할 수 있도록 도움을 주었다.

　그레타가 우울한 시기를 보내고 있을 때 엄마 말레나 에른만도 만만치 않게 힘든 시간을 보냈다. 그녀는 자신의 일과 아픈 딸 사이에 끼어 있었던 것이다.

　말레나는 수많은 관객 앞에서 노래와 연기를 하는 오페라 스타였고, 스톡홀름에서 열리는 중요한 공연의 주인공이기도 했다. 무대에 서 있는 순간 만큼은 행복했지만 집에 아픈 딸을 두고 공연하는 것은 정말 힘든 일이었다.

　사실 그레타가 우울증과 싸우고 있었을 때, 그레타의 여동생 베아타에게도 심상치 않은 문제가 생겼다.

　베아타는 복잡한 상황을 잘 참아 내지 못했고 작은 소리에도 괴로워했다. 그리고 그레타처럼 학교 수업에 가는 것도 힘들어했다.

　두 자매는 자신의 문제가 무엇인지 정확하게 알기 위해서 여러 명의 의사를 만나야 했다. 쉽지 않은 일이었지만 결국 의사들은 그레타와 베아타가 가지고 있는 병의 이름을 알아냈다. 바로 '아스퍼거 증후군'이었다.

일상적인 삶은 때로 이렇게 복잡하게 바뀌기도 한다. 그레타의 부모는 두 아이들이 정상적인 삶을 살아갈 수 있도록 한 번에 하나씩 적절한 해결책을 찾기 시작했다. 아스퍼거 증후군 환자의 대부분은 평범한 삶으로 돌아가는 것이 힘들다. 그레타와 베아타도 전과 같은 일상으로 돌아가기는 어려워 보였다.

그레타의 부모는 두 딸의 어려움을 이해하려고 노력했다. 하지만 상황은 점점 심각해졌고, 부부는 일을 그만두고 딸들이 어려운 순간을 극복할 수 있도록 곁에 있기로 결정했다.

그레타는 친구들과 함께 수업을 들을 수 없었다. 또 누구도 그녀에게 수업을 강요할 수 없었다. 그레타는 1년 동안 학교에 가지 않았다. 집 소파에서 조용하게 앉아 있기만 했다. 의사를 만나는 것 말고는 시간을 보내기 위해서 할 수 있는 일도 많지 않았다. 이 상황에서 그레타 부모님이 가장 먼저 해야 할 일은 그레타가 다시 음식을 먹게 하는 것이었다.

하루하루가 느리게 흘러갔고, 언덕 위에 있는 그레타 가족의 커다란 나무 집은 늘 슬픔으로 가득차 있었다. 하지만 이런 불행은 그레타가 자신을 드러내는 데 성공하면서 차츰 사라졌다.

그레타는 엄마와 아빠에게 자신이 두려워하는 것을 말해도 된다는 것을 깨달았다. 그러자 그레타의 기분이 조금 나아졌다.

그레타의 부모는 아이들 주변에서 일어나는 작은 일에도 매우 세심하게 주의를 기울였다. 그러면서 모든 사람이 평화로운 삶을 누릴 권리가 있다는 사실을 깨달았다.

그레타는 부모님에게 주변 사람들을 진심으로 걱정해야 한다는 사실을 알게 해 주었고, 정말 중요한 것을 잊고 있다는 점도 일깨워 주었다. 그것은 위기에 빠진 지구의 환경이었다.

사람들이 여행이나 화려한 옷, 맛있는 음식, 큰 자동차를 운전하는 데 관심을 갖는 동안 지구의 상태는 더 나빠지고 있었다.

처음에 그레타의 부모님은 딸을 안심시키고 환경은 앞으로 더 나아질 것이라는 믿음을 주려고 했다. 그레타는 부모님과 이야기 나누는 것을 좋아했지만, 이 과정에서 환경 문제는 혼자 해결할 수 없다는 것을 느꼈다.

그레타는 학교에 가지 않았기 때문에 이전보다 더 많은 생각을 할 수 있었다. 그리고 자신의 시각에서 이 문제를 더 잘 설명할 수 있는 아이디어를 떠올렸다. 엄마와 아빠는 그레타와 함께 환경 문제를 토론할 준비가 되어 있었다. 하지만 그때까지도 부모님은 이 문제의 위중함을 깨닫지 못했다. 그래서 그레타는 사진, 그래프, 통계 자료까지 준비했다.

그레타는 부모님을 소파에 앉히고는 영화와 다큐멘터리를 보여 주었다. 그리고 신문 기사와 전문가들이 쓴 보고서를 가지고 왔다. 많은 양의 정보를 접한 그레타의 부모는 딸에 대해서만 걱정하는 것이 아니라 점차 지구의 환경에도 관심을 갖게 되었다. 그들 역시 위기에 빠진 지구를 못본체하기는 어려웠다.

두 사람은 그레타의 행동이나 생각에 합리적 이유가 있고, 어쩌면 모두가 커다란 실수를 하고 있는 것일지도 모른다고 생각했다. 그러면서 환경 문제를 충분히 생각해 본 적이 있는지 스스로 질문해 보았다.

부부는 그들에게 커다란 문제가 있었다는 것을 알았다. 그 문제는 지구의 환경을 위협하는 그들의 생활 방식이었다. 그 사실을 깨닫고는 많이 당황스러웠다.

그레타도 가족이 무책임하게 살아왔다는 것을 받아들이기 힘들었다. 하지만 그레타 가족은 그레타로 인해서 환경 문제를 다시 생각하게 되었고, 그때부터 삶이 조금씩 바뀌었다. 그리고 그레타가 이야기하는 내용을 더욱 주의 깊게 듣기 시작했다.

그레타의 부모는 이제 그레타를 위로하기 위해서 이야기를 들어 주는 것이 아니라, 그레타가 하려는 이야기가 궁금했다. 그리고 지구 환경에 대한 진실과 오해, 걱정스러운 마음, 앞으로 삶의 방식에 대한 질문들을 깊게 생각해 보았다.

가족의 태도는 모든 것을 변화시켰다. 그레타는 열다섯 살이 되었을 때, 가족의 변화를 지켜보며 자신이 변화를 만들어 낼 수 있다는 것을 직감했다. 엄마와 아빠에게 확신을 줄 수 있다면 아마 다른 사람들도 합리적으로 생각하게 만들 수 있을 것이다. 해야 할 일들은 점차 더 많아졌지만, 이는 그레타가 우울증에서 조금씩 벗어날 수 있도록 해 주었다.

엄마 말레나는 스웨덴에서 유명한 오페라 가수이자 배우였으며, 아빠 스반테는 작가였다. 이들은 딸을 통해서 자신의 관점을 변화시켜 나갔다. 두 사람은 직업 때문에 종종 세계 여러 나라를 돌아다녀야 했다. 특히 말레나는 오페라 공연을 위해서 여기저기 바쁘게 움직여야 했다.

그레타는 엄마 아빠에게 먼 곳을 여행할 때, 특히 한 도시에서 다른 나라의 도시로 이동할 경우에 비행기가 만들어 내는 환경 오염에 대해 계속 이야기했다.

여행객과 짐을 싣고 이동하는 비행기의 엔진은 엄청나게 많은 연료를 사용하며 이산화 탄소를 발생시킨다. 그리고 이런 온실가스는 대기에 쌓여 지구의 기온을 높이는 원인이 된다.

한번은 말레나가 중요한 공연을 하기 위해 도쿄에 갔다. 많은 사람이 말레나의 공연을 보러 왔고, 그녀의 공연은 텔레비전을 통해 방영되기도 했다. 도쿄 공연은 말레나에게 매우 중요했다. 일본 관객들 앞에서 한 첫 공연이었기 때문이다.

하지만 말레나가 집으로 돌아왔을 때, 그레타는 엄마에게 그 여행이 환경에 미친 영향에 대해서 이성적으로 생각해 보라고 했다. 지구 환경에 끼친 부정적 결과들을 생각하지 않고 일의 성공으로 행복한 것이 어떤 의미가 있는지 말이다. 툰베리 가족의 생활 방식은 그레타의 관점에서 볼 때 여러 가지 측면으로 비판받을 만한 것이다.

단순히 비행기로 여행한 것 때문만은 아니었다. 그레타는 부모님에게 참을성 있게 하나하나 설명해 주었다. 검증된 이야기를 바탕으로 차근차근 설명했다. 또 부모님의 질문에는 과학자들의 말을 인용해 대답했다.

말레나와 스반테는 그레타가 제기한 문제에 대해서 거의 알지 못했다. 사실 그들은 환경 문제를 다양한 문제 중 하나로 생각할 뿐, 대수롭지 않게 여겼다. 두 사람은 처음에 반론을 제시하면서 그레타와 논쟁하려고 했지만 결국 그럴 수 없다는 사실을 알았다. 그레타는 환경 문제에 대해 합리적 생각과 정확한 근거를 갖고 있었고, 좋은 사례를 들어 효과적으로 설명할 줄 알았다. 또 부모님에게 물건을 구입할 때도 깊이 생각해 보아야 한다고 말했다.

정말 필요한 것이 아니라면 줄이는 것이 맞다. 그레타 가족은 이제 비행기를 타는 여행은 하지 않기로 했다. 더 이상 따뜻한 먼 나라로 휴가를 보내러 가지 않았고, 스톡홀름에서 이동할 때는 자전거를 이용했다. 스웨덴의 날씨 때문에 자전거를 타는 것이 힘들 때도 있지만, 특별히 걱정할 것은 없다. 바람이 불거나 비나 눈이 오는 날은 옷을 충분히 입으면 된다. 궂은 날씨는 옷을 잘 챙겨 입지 않은 사람들에게만 문제가 될 뿐이었다.

긴 여행을 할 때는 기차를 이용하면 된다. 그레타의 부모는 그레타의 결정을 받아들였을 뿐만 아니라 그들 스스로 그레타가 내렸을 법한 결정을 하기 시작했다. 말레나는 일 때문에 어쩔 수 없이 떠나야 하는 장거리 여행에도 비행기를 타지 않았다.

말레나는 수년 동안 가족과 함께 세계의 이곳저곳을 돌아다녔다.

그레타의 부모는 그레타가 막 태어났을 때부터 그레타를 데리고 극장을 옮겨다녀야 했다. 어린 그레타를 집에 홀로 둘 수 없었기 때문이다. 그레타의 아빠 스반테는 공연 기간 동안 여러 장소를 다녀야 하는 아내를 따라다니면서 아이들을 키웠다. 가족을 위해 자신의 경력을 희생하기로 마음먹었다.

그레타가 태어나고 얼마 되지 않아 베아타가 태어났다. 두 명의 아이가 생기자 두 사람은 선택할 수 있는 것이 없었다. 부모 중 한 사람은 일을 쉬어야 했다. 스반테는 두 아이를 키우기 위해 연극 무대에서 잠시 떠나야 했지만 싫지 않았다. 오히려 가족과 함께 여행하는 것을 즐거워했다.

그레타와 베아타가 성장하자 그레타의 부모는 스톡홀름에 머물기로 결정했다. 말레나는 그 당시에 비행기로만 갈 수 있는 곳에서 계속 공연을 했다.

하지만 지금은 그레타의 영향으로 말레나는 세계적인 명성을 포기했다. 조금 덜 유명해지더라도 환경을 보호하는 데 자신이 공헌하고 있다는 것을 더 중요하게 생각했다.

스반테는 딸처럼 채식주의자가 되었다. 그레타가 가지고 있는 여러 권의 책을 읽고 큰 규모의 축산 농가에서 동물을 키우는 방식과 거기에서 발생하는 환경 오염의 실태를 알게 되었기 때문이다. 그는 도시 밖의 작은 텃밭에서 채소를 재배하기 시작했고, 태양 전지판과 전기차를 구입해 정말 필요한 순간에만 사용했다. 그리고 평소에는 자전거를 타고 다녔다.

그레타의 부모는 조금씩 지구를 오염시키는 나쁜 행동과 습관을 줄여 나갔다.

그레타가 첫 번째 전투에서 이긴 것이다!

그레타는 늘 기후 문제에 관심이 있었다. 그런데 특히 2018년 여름의 날씨는 기후 변화의 심각성에 대해 다시 한 번 생각하게 하는 결정적인 계기였다. 날씨는 믿을 수 없을 정도로 뜨거웠다. 스웨덴의 평소 여름 날씨와 비교해 보았을 때도 차이가 매우 컸다.

스웨덴 사람들은 태양의 뜨거운 열을 식히기 위해 민소매 옷을 입고 발트해에 발을 담갔다. 이게 그렇게 이상한 행동이 아니라고 생각할지 모른다. 여름이니까. 여름엔 다그렇지 않을까?

하지만 스웨덴은 스칸디나비아반도에 있다. 이곳은 세계 지도를 펼쳐 보면 가장 북쪽에 있는 곳이다.

스웨덴의 여름은 지중해 연안에 있는 이탈리아나 그리스 같은 나라의 봄과 비슷하다. 대기는 온화하고, 태양이 빛나지만 남부 유럽처럼 뜨겁지는 않았다.

그런데 2018년, 스웨덴의 여름은 북유럽의 최고 온도를 기록할 정도로 뜨거웠다. 262년 만에 가장 더운 여름이었다.

이렇게 뜨거운 날씨는 그 뒤에 숨은 지구 온난화라는 중요한 문제를 모르는 사람들에게 반갑고 신나는 일일 수 있다. 하지만 화재가 일어나는 건 다른 문제였다. 무더위가 지나간 자리에는 연속해서 화재가 일어났다.

화재는 북유럽 전 지역에서 발생했다. 유럽의 가장 북쪽에서도 말이다. 특히 라플란드 지역에서는 이전에 볼 수 없었던 일이 일어났다. 화재가 60번도 넘게 일어나면서 숲 전체를 황폐하게 만든 것이다. 이 사건의 원인 중 하나는 높은 기온과 건조한 날씨, 두 달 내내 거의 내리지 않은 비였다.

많지 않은 소방관들이 쉬지 않고 일을 했지만 계속 사람들의 도움과 인원 보충을 요청해야 했다.

자원봉사자들과 헬리콥터, 군부대에서 군인들까지 와서 도왔지만 불길은 멈출 기미를 보이지 않았다. 화재가 일어나는 곳 근처에 사는 사람들은 모두 대피해야 했다. 너무 위험했기 때문이다. 검은 연기가 맑은 하늘로 하염없이 흘러들었다.

소방관과 마을 사람, 자원봉사자 모두 이틀 내내 쉬지도 못하고 불을 끄는 데 애를 썼다.

북유럽의 가장 북쪽에 위치한 라플란드는 일 년 중 대부분의 시기가 눈으로 덮여 있는 곳이다. 그런데 이 라플란드에 정말 믿을 수 없는 일이 일어났다. 온도계의 눈금이 30℃까지 올라간 것이다. 모든 사람이 이 엄청난 사건을 떠들기 시작했다.

가판대에 깔린 신문은 저마다 이 사건을 기사로 써 냈지만, 실제로 문제를 해결하기 위해 뭔가 하려는 사람은 없었다.

그레타 빼고는 아무도 없었다.

사실, 스웨덴은 그동안 세계 여러 나라 중에서 매우 진중하게 환경 문제를 다뤄 왔다. 스웨덴의 정치인들은 상황의 심각성을 인지하고 있었고 이를 해결하고자 했다. 이들은 서구 사회에서는 최초로 온실가스 배출을 감소하기 위한 법안을 제정했고, 2045년까지 온실가스 감축 목표를 0으로 설정하기도 했다.

만약 모든 사람이 스웨덴 사람처럼 행동할 수 있다면 우리는 분명히 우리 지구를 위해서 더 많은 것을 해 줄 수 있을 것이다.

하지만 그레타에게 스웨덴 사람들의 행동만으로는 충

분하지 않았다. 더 많은 나라가 환경 문제를 해결하기 위해 신속하게 행동할 필요가 있었다. 그동안 많은 과학자가 환경에 대해 충분히 설명했고 그레타가 보기에 그 사람들의 이야기를 믿지 않을 이유가 없었다.

선거를 앞두고 여러 정당의 정치인들은 신문, 텔레비전, 인터넷을 통해서 자신이 중요하다고 생각하는 주요 주제에 대해서 이야기를 쏟아내기 시작했다. 그러나 그중에 환경 문제에 관한 것은 거의 없었다. 심각하게 걱정할 만한 수준이었다.

정치인들은 자신이 선거에서 당선되면 무엇을 할지 떠들며 시민을 설득하려고 했다. 만약 그들에게 환경 문제가 중요한 것이라면 선거 기간 끊임없이 논의되고 해결할 것을 약속했어야 했다.

하지만 이 나라를 황폐하게 만들었던 화재가 일어났음에도 여름 내내 기후 변화에 대해서 이야기한 사람은 별로 없었다.

그레타가 보기에 정치인들은 이 문제에 대해 특별한 관

심이 없는 것처럼 보였다. 결국 누군가가 그들에게 진정으로 중요한 것이 무엇인지 기억하게 하고 그들의 관심을 끌 만한 용기를 내야 한다고 생각했다.

    선거를 일주일 앞둔 시점은 그레타의 생각을 효과적으로 전달하는 데 아주 좋은 시기였다.

3
지구 온난화와 기후 변화

그레타가 시작한 파업은 국회의원과 그들에게 투표한 시민을 포함해 사람들이 환경 문제에 관심을 갖게 했다. 특히 지난 몇 년 간 환경 문제에 책임이 있으면서 아닌 것처럼 행동하던 세계의 주요 정치인들에게 이 문제를 고민하게 했다.

사실 이들은 이미 3년 전에 프랑스에서 환경 문제를 논의한 적이 있다. 2015년, 전 세계 거의 모든 국가에 이르는 195개국의 정치인들이 파리에서 기후 변화에 대해 토론을 했다. 그때에도 과학자들은 기후 변화에 대한 심각한 우려를 표현했었다.

지구의 온도는 급격하게 상승하는 중이다. 기온의 변화를 인지하고 있었던 사람들은 시간이 갈수록 점점 더 높아지는 온도를 당혹스럽게 지켜보고 있었다. 과거에 비해서 겨울은 덜 추웠고, 여름은 점점 더 더웠다. 과학자들은 이 문제에 대한 원인을 찾을 때까지 계속 연구했고, 결국 그 원인은 인간이 만든 온실가스였다는 점을 밝혀냈다. 우리 머리 위로 배출된 온실가스는 대기에 차곡차곡 쌓였다. 온실가스는 태양에서 나오는 빛을 통과시켜 지구 내부의 온도를 유지하는 역할을 한다. 하지만 대기를 통과한 열이 너무 많아진 온실가스 때문에 빠져나갈 수 없었다. 온실가스 중에서 대기에 쌓이는 것은 이산화 탄소이며, 대부분의 이산화 탄소는 인간이 발생시키고 있다.

195개국의 대표들은 파리에 모여서 인류가 살아갈 환경을 위해 이산화 탄소 배출량을 줄여 결과적으로 지구 온난화를 최대한 제한하겠다는 합의에 도달했다.

지구의 평균 기온이 1℃ 높아지는 것은 어쩌면 별것이 아닌 것처럼 보이기도 하고, 알아채기도 어렵다. 하지만 그 피해는 엄청나다. 기온이 높아지면 얼음이 녹아 북극과 남극의 빙하가 점차 줄어든다. 녹은 얼음은 바다로 흘러들어 해수면을 상승시키는데, 그러면 기후가 변해 비가 오지 않아야 하는 지역에 비가 오고, 어떤 지역은 건조해져서 강이 마르기도 한다.

이것은 결국 지구의 파국을 의미한다.

그레타는 최악의 결말을 피하기 위해 행동하기로 결심했고, 아이들의 의지로 시작된 학교 파업이 매우 좋은 아이디어라고 생각했다.

학교 파업 아이디어는 바다 건너 미국에 사는 용감한 소년들에게서 얻었다.

그레타가 스웨덴 국회 의사당 앞에서 피켓을 들고 항의하기 몇 개월 전에, 이미 학교 파업을 시작한 학생들이 있었다. 그들은 총기 구입을 너무 쉽게 허가해 주는 미국의 법에 화가 나기도 하고, 사람들이 총기 사용을 얼마나 걱정하고 있는지 알리기 위해 학교 파업을 했다. 미국에서는 작은 권총을 포함해 대부분의 총기를 누구나 쉽게 살 수 있다. 이는 종종 비극적인 사건을 만들어 냈다. 나쁜 의도를 갖고 있는 사람들까지 총기를 쉽게 구할 수 있었기 때문이다.

미국 플로리다주의 마조리 스톤맨 더글러스학교에서 한 아이가 학교 복도로 들어와 총기를 난사하기 시작했다. 이 충격적인 사건으로 미국의 학생들은 더 이상 자신이 공부하는 교실이 안전하지 않다고 생각했고 정치인들에게 이런 사실을 알리고자 했다.

그레타는 이 이야기를 듣고 관심이 생겼다. 교실에 가는 대신 거리에 나가서 더 많은 사람에게 자신의 생각을 알리는 모습이 정말 영리해 보였다.

　아이들이 자신의 이야기를 정치인이나 어른이 듣게 만드는 것은 쉬운 일이 아니다. 하지만 총기에 반대하는 소년들의 목소리가 스웨덴까지 도착했다면, 그것은 분명히 미국의 어린 학생들이 적절한 방법을 찾았다고 할 수 있었다.

4
사람들을 움직이는 그레타 툰베리

그레타의 부모는 딸의 생각을 충분히 이해했지만 학교에 가지 않는 것은 동의할 수 없었다. 그들은 부모의 책임 중 하나가 자녀가 학교 수업을 듣게 하는 것이라고 설명해 주었다. 두 사람은 그레타의 결심을 듣고 등교 파업 외에 다른 방법이 없는지 물어보았지만, 그레타는 단호하게 다른 방법은 없다고 답했다.

그레타는 열다섯 살짜리는 투표도 할 수 없기 때문에 세상을 가치 있게 변화시킬 수 있는 다른 대안이 없다고 말했다. 말레나와 스반테는 딸의 말을 듣고 함께 고민했지만 학업도 여전히 중요했다.

하지만 두 사람은 그레타가 우울해하며 학교에도 가지 않고 집에만 있었던 때를 떠올렸다. 결국 그레타가 국회 앞에 가서 자신의 생각을 보여 주며 항의하는 편이 더 나을 것이라고 결론지었다. 학교 파업이 우울증에 갇혀 있는 것보다 조금이라도 삶에 대한 열망을 되찾을 수 있는 시도처럼 보였던 것이다.

선생님들도 그레타가 수업을 듣지 않는 것은 좋은 생각이 아니라고 계속 이야기했다. 그레타 스스로 잘못된 선택이라는 걸 깨달아야 할 필요가 있다고 했다. 그레타는 선생님들의 말을 들었지만 자신의 선택이 옳다고 확신했다.

학교에 가지 않는 것이 나중에 다른 문제를 일으킬지도 모르

지만 그레타는 자신의 선택에 따른 결과를 받아들일 마음의 준비가 되어 있었다. 그러면서 이렇게 말했다.

"나는 파업을 해야만 했어요. 왜냐하면 나 말고 환경 문제를 걱정하는 사람이 없었으니까요."

그동안 일어난 사건들은 그레타가 옳았다는 것을 확인시켜 주었다. 그리고 국회 앞에 모인 사람들이 그레타의 생각에 동의한다는 사실을 증명했다. 2018년 9월 7일, 스웨덴 국회의원 선거일이자 기후를 위한 파업이 있던 날, 많은 사람이 국회 앞에 앉아 있었다.

그레타의 결단은 사람들의 무관심을 극복하고 차츰 무언가를 변화시켜 나갔다. 스웨덴 사람들은 손에 피켓을 든 여자아이뿐만 아니라 그 소녀가 외치는 지구의 건강에 대해서 점점 관심을 가졌다.

그레타는 자신이 얻은 결과에 행복했지만, 한편으로는 늘 자신을 곤경에 빠뜨리던 상황에 적응해야 했다. 그건 그레타에게 새로운 도전이나 다름없었다.

선거 다음 날, 그레타는 '기후를 위한 행진'에서 이야기할 준비를 했다. '기후를 위한 행진'은 세계 곳곳에서 동시에 열리는 대규모 집회이다. 이 집회에 참석한 수천 명의 사람들은 기후 변화를 막을 수 있는 진지한 대책과 변화를 이끌어 내기 위해 행진을 했다. 스톡홀름에서도 시위대의 행렬이 도시를 지나 감라스탄섬의 민토르게트 광장 앞에 도착했다. 그리고 이곳에서 사람들이 차례차례 연단에 올라 기후 변화를 위한 노력에 동참해 줄 것을 호소했다.

행진을 주최한 사람들은 그레타에게 연단에 올라 연설을 해 달라고 부탁했다. 하지만 사람이 많은 곳에서 이야기를 하는 건 그레타처럼 아스퍼거 증후군을 앓고 있는 아이에게는 특히 어려운 문제였다.

그레타의 부모는 걱정이 많아졌다. 아스퍼거 증후군이 있는 사람은 다른 사람들에 비해서 주변에서 일어나는 일들에 더 크게 자주 놀라기 때문이다. 또 종종 말을 멈추고, 경우에 따라서 단어를 연결짓지 못할 정도로 불안감을 느끼기도 한다. 특히 처음 본 사람을 만날 때 상황은 더 심각해진다. 그래서 이런 요청을 받을 때마다 곤란해지고는 한다. 단순히 내성적이라서 생기는 상황은 아니었다. 사람들이 아무리 친절해도 말하는 것이 거의 불가능하고, 누구도 그레타가 이야기를 시작할 수 있도록 힘을 줄 수도 없었다. 의사들은 이런 증상을 '선택적 벙어리'라고 과장해서 부르기도 한다.

말레나와 스반테는 딸을 지켜야 했다. 하지만 그레타가 정말 이야기하기를 원한다면? 이런 상황을 마주할 준비가 되어 있을까? 그레타는 이때 평범한 십 대처럼 혹은 그보다 더 강력하게 자신의 선택을 믿었고, 바꾸지 않았다. 기후 문제는 그레타에게 정말 중요했고 타협할 수 없는 것이었다.

그레타는 기후 변화를 걱정하는 사람들 앞에서 이야기를 시작했다. 회색 하늘 아래에서 손으로 마이크를 꽉 잡고, 다른 한 손에는 메모한 종이를 꼭 쥐었다. 사람들은 연단에 선 그레타를 바라보았다.

어느덧 써 내려간 글의 마지막 줄에 다다르고, 마침내 이야기가 끝나자 십 대 소녀의 말에 감동한 사람들은 일제히 박수를 보냈다.

'기후를 위한 행진'이 있었던 날, 그레타는 자신의 결심을 공표했다. 자신은 학교 파업을 계속할 것이며, 매주 금요일마다 국회 앞에 앉아 있겠다고 했다. 그리고 스웨덴이 파리 기후 협약에서 합의한 목표에 도달할 때까지 자신의 행동을 지속할 것이라고 말했다.

목표를 이행하는 것은 이미 정치인들이 약속했던 것이기도 하다.

지구 온난화를 막기 위해서 지구 평균 기온의 상승폭을 1.5℃로 제한하고 2℃ 이하로 유지해야 한다는 사실을 인정했던 것이다. 정치인들은 이 내용을 담은 파리 기후 협약서에 동의하고 서명했다. 하지만 이를 실현하기 위한 노력을 하고 있기는 할까?

그레타는 자신의 인스타그램을 통해 모두에게 파업에 참여해 줄 것을 요청했다. 매주 금요일 릭스다그 앞에 앉아 있는 자기에게 합류해 달라고 했다. 진심이 담긴 초대였다. 시간은 생각보다 많지 않았고, 실패는 재앙이 될 수밖에 없었다.

그레타는 결단을 내리자 그다음 주 월요일에 바로 학교로 돌아가 수업을 들으며 부모님과 선생님들을 안심시켰다.

그러나 그레타의 전투는 계속되었다.

선거일에 기후 변화를 위한 파업에 함께한 사람들과 그 다음 날 '기후를 위한 행진'에 참여했던 사람들은 그레타에게 용기를 주었다. 그레타는 그들을 보며 스톡홀름에서뿐만 아니라 다른 공간에 있는 사람들도 자기를 도와주고 지지해 줄 것이라고 믿었다.

그리고 무엇보다 사람들이 스스로 움직여 할 수 있는 일이 있다는 사실을 확인시켜 주고 싶었다.

그레타는 짧은 동영상을 찍어 인스타그램에 올렸다. 그리고 국회 앞에서 자신이 파업해야 했던 이유를 영어로 설명했다. 영상을 보고 스웨덴 밖에 있는 사람들도 자신을 이해하고 동참해 주기를 바랐다.

스웨덴의 많은 시민이 그레타의 영상에 관심을 보였다. 9월 마지막 주 금요일에 말뫼와 예테보리 같은 스웨덴의 주요 도시를 포함해서 스웨덴 여러 도시에서 집회가 일어났다. 지구 온난화를 막기 위해서 많은 사람이 적극적으로 참여하고 행동하기 시작한 것이다.

기자들도 그레타를 도와주기 위해서 움직였다. 그들은 항의를 하기 위해 등교를 거부했던 열다섯 살 소녀의 이야기에 관심이 많았다.

세계 곳곳에서 기자들이 인터뷰를 요청했고, 여러 가지 질문을 가지고 그레타를 찾아왔다. 학교 파업에 대한 생각은 어떻게 어디에서 얻었는지? 부모님과 선생님은 그녀의 행동에 대해서 어떻게 생각하는지? 그리고 도대체 어떤 계기로 열다섯 살 소녀가 환경 문제에 대해서 이토록 관심을 갖게 되었는지?

그레타는 자신에 대해 이야기하는 것을 별로 좋아하지 않았지만 질문에 하나씩 대답해 나갔다.

사람들은 그레타가 외치는 내용을 매우 흥미롭고 중요한 주제라고 생각했다. 그레타는 텔레비전 프로그램에 출연했고, 스웨덴의 여러 도시에서 사람들을 만났다.

낯선 사람들과 무엇인가를 함께하는 것은 그레타에게는 쉽지 않은 일이었다. 하지만 그레타는 환경 문제를 깊이 이해하고 있었기 때문에 기후 변화가 초래하는 문제를 매우 정확하게 이야기해 줄 수 있었다.

그건 그레타만 할 수 있었다. 어느새 그레타는 진정한 전문가가 되어 있었다.

한번은 미국의 유명 일간지인 〈뉴요커〉에서 온실가스 배출량이 줄었다는 기사를 쓴 기자가 그레타를 인터뷰한 적이 있다. 그레타는 기자에게 그 기사가 얼마나 부정확한지 거침없이 조목조목 설명해 주었다. 그레타에게 기사의 출처가 역사적으로 중요한 신문이라는 사실은 중요하지 않았다. 정말 중요한 것은 솔직하게 진실을 말하는 것이었다.

또 지구 온난화라는 복잡한 문제를 설명하기 위해서 그레타는 서로 다른 여러 가지 통계 자료를 자유롭게 사용할 줄 알았다. 통계를 사용한다는 점에서 정치인과 비슷했다. 하지만 정치인들은 늘 상황의 심각성을 피하고, 변화에 대한 진전을 강조하며 그 안에서 유리한 것만 선택하는 경우가 더 많다.

사람들이 진실을 아는 것은 정의로운 것이다. 문제가 없다고 말하는 것은 어린아이 같은 태도였다.

열다섯 살의 소녀는 진실의 중요성을 자신이 살아가는 스웨덴의 정치인들이 기억하게 해 주었다.

5
세상에서 가장 유명한 환경 운동가

그레타의 노력은 결실을 맺기 시작했다. 사람들이 릭스다그 앞 거리에 하나둘 도착하고 있었다. 브뤼셀의 유럽 의회 앞에도 사람들이 모였다. 이곳에서 그레타는 프랑스어로 연설을 했다. 또 자신이 시작한 기후를 위한 학교 파업에 대해서 설명했으며, 믿기 힘들겠지만 스웨덴 사람들이 지구 자원의 4.2퍼센트를 소비하고 있다는 사실도 알려 주었다. 환경 문제를 위한 그레타의 전투는 계속되었다.

그레타는 핀란드의 헬싱키에서도 많은 사람이 모인 광

장에서 인류가 일상을 유지하기 위해 매일 수백만 배럴의 석유를 사용하고 있다는 사실을 이야기했다.

그 후에 그레타는 런던으로 갔다.

그레타가 유럽을 순회하는 일정을 소화하기 위해서는 부모님의 허락과 지원이 필요했다.

그레타의 부모는 그레타가 자신의 이야기를 계속할 수 있도록 용기를 불어넣어 주었다. 또 그레타의 편에서 기꺼이 딸이 만든 규칙에 따라 함께 여행을 했다.

그레타 가족은 비행기를 타지 않기로 했기 때문에 유럽을 도는 일은 정말 길고 힘들었다. 때로 제 시간에 기차를 타는 것도, 많은 짐을 들고 갈아타는 것도, 기차역에서 역으로 이동하는 것도 버거웠다. 긴 여정의 또 다른 수단은 가족이 구입했던 전기차였다. 전기차는 자주 전기를 충전해야 해서 불편했다.

하지만 이런 어려움이 그레타를 지치게 하지는 않았다. 오히려 환경에 대해 이야기할수록 걱정이나 두려움이 더 줄어들고 있음을 느꼈다.

그레타는 규칙을 잘 지킬 줄 아는 소녀였다. 하지만 환경 문제를 해결할 때만큼은 기존 제도를 크게 바꿀 필요가 있다는 결론을 내렸다. 법과 제도가 해야 할 일을 충분히 해결하지 못하고 있었고, 지구는 점점 더 심각한 위기 상황으로 가고 있었기 때문이다.

그레타는 10월, 영국 런던의 국회 앞에서 항의하는 사람들에게 이 생각을 정확하게 전달했다.

"아무도 위기라고 생각하지 않는 것이 정말 심각한 위기입니다. 국가를 움직이는 정치인들은 유치하게 행동하고 있습니다. 우리는 진실을 알아야 하며 세상을 바꿀 필요가 있습니다."

그날 런던의 국회 광장에 모여 스스로를 혁명가라고 부르던 집회의 참가자들은 지금이 인류 역사상 가장 어려운 시기 중 하나라는 사실을 깨달았다. 그리고 다른 한편에서는 과학적으로 증명된 사실들이 우리가 이 문제에 신속하게 대처하지 못한다면 빠른 속도로 재앙을 맞이할 수 있다는 사실을 명확하게 보여 주고 있었다.

    그레타는 스웨덴의 선거일 이후 몇 주 동안 유럽을 돌며, 세계의 많은 사람이 자신과 비슷한 투쟁에 참여하고 있다는 사실을 알게 되었다. 그런데 그레타가 발견한 것은 이것뿐만이 아니었다. 그레타는 자신이 말하고자 하는 문제에 대해 잘 알고 있을 때는 사람이 많은 곳에서 이야기하는 게 전혀 불안하지 않다는 것을 알았다.

    이야기를 하고 떠드는 것을 좋아하는 소녀는 아니었지만 그레타는 한 손에 마이크를 쥐고 자신의 진지한 이야기를 효과적으로 전달하는 방법을 깨달았다.

    그레타의 부모는 수백, 수천 명이 넘는 낯선 사람들 앞에서 그레타가 영어로 자신의 주장을 펼치는 모습에 감동했다.

    이렇게 짧은 시간 동안 딸이 우울한 소녀에서 환경 운동가로 변한 모습을 지켜보면서 이런 일이 일어나고 있다는 것 자체가 기적처럼 느껴졌다.

그레타의 용기로 환경 문제 해결이 시급하다는 생각은 세계에 매우 빠르게 퍼져 나갔다. 먼 나라 호주에서도 여러 학생들이 기후 변화 문제에 항의하며 학교 파업을 결정했다.

그런데 이보다 더 믿기 힘든 일은 그 이후에 일어났다. 호주 수상이, 그러니까 그 나라의 가장 높은 자리에 있는 정치인이 공식적으로 학생들에게 교실로 돌아가라고 요구했던 것이다. 이를 본 그레타는 인스타그램을 통해 다음과 같이 대답했다.

"죄송합니다. 스콧 모리슨 수상님. 우리는 그 요청에 복종할 수 없습니다."

그레타는 놀라울 정도로 유명해졌다. 짧은 몇 주 동안에 수많은 유명 인사와 주요 일간지가 그레타 이야기를 시작

했다. 또 기후를 위한 학교 파업을 시작한 지 몇 달도 지나지 않아, 테드에서 그레타의 이야기를 듣기 위해서 연사로 초청을 했다.

테드는 주요 분야의 사람들이 널리 알릴 만한 세계의 중요한 주제에 대해서 강연을 할 수 있도록 기획하고 조직하는 곳이다. 테드의 강연 영상은 누구나 쉽게 접할 수 있다.

최근 수십 년 간 테드의 연단에는 빌 게이츠, 빌 클린턴, 제인 구달 등 유명한 사람들이 올랐으며 그들의 이야기는 수백만 명의 사람들에게 전달되었다.

테드 초대는 그레타에게 매우 중요하고 가치 있는 일이었다.

그레타는 테드 강연에서 '정의'에 대해 이야기했다. 경제 규모가 크고 사회 시설이 발전한 선진국은 환경에 끼치는 안 좋은 영향을 줄여야 하며, 가난한 나라에 사람들이 더 편안하고 쾌적하게 살 수 있도록 도로나 병원 같은 시설을 지어 주는 것이 정의로운 일이 아닌지 물었다.

그레타는 또 어떤 정치인도 미래를 위한 대안을 찾으려

노력하지 않는다고 말했다. 그리고 만약 2050년 상황을 상상해 본다면, 먼 일처럼 보이겠지만 그렇게 먼 이야기가 아니라고 강조하며 말했다.

2050년에 어른이 될 아이들은 아직도 수십 년 동안 더 살아가야 하는데, 만약에 지구의 이상 기후 현상이 멈추지 않는다면 어떤 일이 벌어질지 예측해 봤는지 물었다. 또 지금 이 시대를 살아가는 어른들은 아이들의 미래를 위해 어떤 계획이 있는지 물었다.

보통 이야기를 마칠 때 테드의 강연자들은 대체로 희망을 이야기한다. 하지만 그레타는 희망을 말하지 않았다.

"우리에게 필요한 것은 희망이 아니라 더 많은 행동입니다."

그레타는 이렇게 말하며 강연을 마무리했다.

6
세계 정치인에게 보내는 메시지

세계의 정치 지도자들은 환경 문제가 늘 복잡한 이해관계로 얽혀 있는 탓에 이 문제를 애써 외면해 왔다. 그레타는 지금 당장 사건이 일어나지 않는다고 계속 해결을 미루는 어른들의 방식이 유치해 보였다. 그래서 그레타를 비롯한 학생들은 자신의 미래를 위해 스스로 뭔가 해야 한다고 생각했고 어른들에게 항의하기로 결정했다.

그레타 툰베리가 환경을 위해 학교를 파업하고 국회 앞에서 홀로 시위를 시작했던 때가 2018년 8월이었다.

그러나 얼마 지나지 않아 수많은 도시에서 학생들이 함께하는 파업이 시작되었고, 기후를 위한 시위가 일어난 도시의 수는 270개로 늘어났다.

전 세계 곳곳에서 약 2만 명 이상의 학생이 등교를 거부하며 '기후를 위한 학교 파업'을 따르기 시작했다.

그레타는 학생들을 움직이게 만들고 난 후에 새로운 목표를 설정하고 계속 앞으로 나아갔다. 그것은 세계의 힘 있는 사람들이 단순히 말만 하는 것이 아니라 진심으로 행동할 수 있도록 그들을 설득하는 것이었다.

이를 위해 12월, 제24차 유엔 기후 변화 협약 당사국 총회에 참여하기로 했다. 그레타는 총회가 열리는 폴란드의 도시 카토비체로 향했다. 폴란드까지 전기 자동차를 타고 가서 이틀 동안 머물렀다.

제24차 유엔 기후 총회는 세계 여러 나라에서 온 대표들이 기후 변화를 논의하는 곳이었다. 이를 기획한 것은 유엔이었고, 유엔은 각 나라의 정치인들이 세계 주요 쟁점을 적극적으로 협의하기 위해 설립된 국제 기구이다.

번쩍이는 검은색 자동차들이 조용하게 카토비체에 들어섰다. 환경이 변하면서 생기는 재앙을 멈추게 하기 위해 각 나라의 책임자들이 도착하기 시작한 것이다. 하지만 이들이 정말 적합한 결정을 내리고 신속하게 일을 처리할 수 있을까?

많은 사람이 유엔 총회에 의심의 눈초리를 보냈다.

그레타도 짐을 싸고, 총회장으로 가기 위한 여행을 시작했다. 그레타는 먼저 유엔에서 아주 중요한 일을 수행하는 사람 중 한 명인 안토니오 구테헤스 사무총장을 만나기로 했다. 그는 전쟁처럼 지구상에 일어나는 가장 큰 재앙에 대응하는 사람이었다.

그레타는 도착해서 흰 벽으로 둘러싸인 방으로 안내받았다. 그곳에는 같은 색의 사각형 책상이 놓여 있었다. 한눈에 봐도 특징이 없는 사무실 같은 분위기가 감돌았다. 그리고 그 옆에는 각 나라의 대표들이 앉아 있었다. 그들 앞에 놓인 책상 위에는 마이크와 명패가 있었다.

그레타는 총회의 모든 참석자가 앉아 있는 이곳에서 연

단으로 올라갔다. '기후를 위한 학교 파업'을 시작할 때 입고 있었던 체크무늬 셔츠를 입고 있었다.

급히 다루어야 하는 논쟁거리가 쌓여 있는 상황에서 잘 차려입은 옷은 그리 중요하지 않았다. 그레타의 어깨 너머로 보이는 명패들과 하늘색 유엔기는 그레타가 어디에 있는지 다시 한번 깨닫게 해 주었다. 마침내 누군가 엄숙한 목소리로 그레타를 소개했다.

그레타는 여러 국가의 대표자 앞에서도 전혀 위축되지 않았다. 그러고는 이렇게 말하기 시작했다.

"25년 동안 수많은 사람들이 온실가스 배출 중단을 촉구하기 위해 유엔 기후 총회를 찾았습니다. 하지만 분명한 것은 여러 번의 논의가 제 기능을 수행하지 못했다는 것입니다. 제가 여기에 온 이유는 당신들에게 우리의 미래를 보살펴 달라고 간청하러 온 것이 아닙니다. 과거에 당신들은 우리를 무시했고, 미래에도 우리를 무시할지 모릅니다. 우리는 당신들이 좋든 싫든 변화가 일어날 것이라고 말하러 온 것입니다."

그레타는 연단 위에서 현실을 직시해야 한다는 사실을 강조하며 이야기했다. 그리고 모든 사람이 이 문제를 해결하기 위해 노력했을 때, 어떤 변화가 일어날 수 있다는 용기와 희망을 갖자고 말했다.

아이들이 학교 파업을 통해 여러 일간지의 헤드라인을 장식하기 시작했다면 그 이상 달성할 수 있는 목표는 없었다.

총회에서 그레타가 진짜 하려고 한 말은 국민들의 인기를 잃을 수 있다는 생각에 움찔해서 유치하게 행동하는 정치인들에게, 자신의 모습을 돌아볼 수 있는 용기를 내라는 것이었다. 그레타의 연설은 늘 명령하는 데만 익숙했던 사람들에게 다른 이의 이야기를 듣도록 만들었다.

또 그레타는 새로운 세대가 변화를 위한 책임감을 갖지 않는다면 그 누구도 세상을 바꿔 나갈 수 없을 것이라고 말하며 어른들이 환경에 저질렀던 여러 문제를 상기시켜 주었다.

그리고 점점 엉망으로 변해 가는 세계에서 살아야 하는

그들의 아이들의 운명을 생각해 보라고 했다. 그러면서 그렇게라도 기후 문제를 다루지 않으면 위기를 해결할 수 없을 것이라고 말했다.

이런 일이 일어난 적은 한 번도 없었다. 어떤 청소년도 어른에게 지구에 저지른 어른들의 실수를 일깨우며 부끄럽게 만들고 변화를 요구한 적은 없었던 것이다. 그래서 그레타의 가혹할 정도로 날이 선 말에도 많은 사람이 박수를 보냈다.

유엔에서의 만남은 길고 힘들었다. 이 때의 노력이 현실을 실제로 변화시킬 수 있는지 생각해 보면 작은 부분들이기는 했지만 말이다. 유엔 기후 변화 총회 동안 각 나라의 대표자들은 하루 종일 문제와 해결책을 찾아 논쟁을 벌였고, 이는 모두 공식 문서로 기록되었다.

하지만 여전히 그레타가 보기에는 이 회합에서 충분한 해결책을 끌어내지는 못한 것처럼 보였다.

두 번째 날 회의가 진행되었을 때, 그레타는 자신의 휴대 전화를 켜서 사람들에게 전할 메시지를 녹음했다.

제24차 유엔 기후 총회에 참석한 과학자들이 현재 상황의 심각성을 확인해 주었음에도 정치인들은 여전히 이 문제에 대한 해결책을 찾지 못했다는 사실을 사람들에게 전

> 당신이 누구든,
> 당신이 어디에 있든,
> 우리는 당신이 필요해요!
> 금요일 기후를 위한 파업에
> 동참하세요.
> 제발 우리와 함께
> 파업해 주세요!
> 영상을 공유하고
> 이 사실을 세계에 전해 주세요.

달했다.

한편, 총회장 밖 카토비체 거리에는 수많은 군중이 인산인해를 이루었다. 이들도 많은 사람이 환경 문제에 대해 걱정하고 있다는 사실을 제24차 유엔 기후 총회에 참석한 정치인들에게 알려 주고, 보여 주고 싶었기 때문이다.

유엔 총회에서 어린 그레타가 힘 있는 사람들 앞에서 솔직하고 당당하게 이야기한 것은 놀라운 일이었다. 하지만 더 놀라운 점은 그레타가 사람들에게 행동할 수 있도록 확신을 갖게 했던 방법이었다.

미국 유명한 주간지인 〈타임〉 지는 그레타를 2018년 세계에서 가장 영향력 있는 청소년 명단에 포함시켰다.

이는 영광스럽고 가치 있는 일이었다.

그러나 그레타는 자신이 얻은 결과를 보여 주고 싶어 하는 아이가 아니었다. 제24차 유엔 기후 총회가 끝나자마자 곧바로 전기 자동차를 타고 폴란드를 떠나 집으로 돌아갔다. 사실 그레타가 꼭 참여하고 싶었던 다른 약속이 있었다. 그것은 스웨덴 말뫼에서 열리는 '기후를 위한 파업'이

었다.

    그레타는 자신의 목적을 달성하기 전까지 항의를 멈출 생각이 없었다. 그녀의 목적은 지구를 구하는 것이었다.

7
다보스 '세계 경제 포럼'에 초청받다

전 세계에 많은 환경 운동가가 환경을 지키기 위해 노력하고 있다. 그레타 역시 지구를 구하는 일에 누구보다 책임감과 의무감을 갖고 있었다. 하지만 그레타는 이들처럼 전문적으로 지구를 구할 수는 없다.

그레타는 헌신적인 사회 활동가처럼 자신이 할 수 있는 범위 내에서 유럽을 돌며 환경을 위한 파업을 기획하고, 이야기할 주제를 준비해서 함께 토론했다. 이 과정에서 그레타는 각 나라의 사람들과 소통하기 위해 외국어를 공부해야 했고, 여러 정보와 자료를 이해하고 기억하기 위해 더 열심히 공부했다.

그레타가 환경 문제를 해결하려고 노력한 이유는 책임 있는 높은 자리에 가기 위한 것이 아니었다. 하지만 그레타는 이미 유명 인사가 되어 있었다. 세계 여러 나라에서 그레타에게 인터뷰를 요청해 왔고, 유명인들이 그레타와 그녀의 생각을 궁금해했다. 그레타는 자신의 이야기를 하는 것을 좋아하지 않았지만 이 요청들을 모두 받아들였다. 환경 문제의 원인과 현재 상황을 설명하는 내용이 각 나라의 신문에 실린다면 아주 의미 있을 것 같았기 때문이다.

이런 상황에서 그레타는 전문적인 환경 운동가에게는 없는, 열다섯 살 아이로서의 의무가 있었다. 교실에서 공부하는 다른 학생에 뒤처지지 않도록 보충 수업을 하고 숙제도 해야 했다. 그레타는 다시 학교에 나갔고, 금요일 수업만 '기후를 위한 학교 파업'을 위해 빠졌다. 주말에는 계속해서 도시의 중심가로 향했다.

스웨덴은 겨울이 되었다. 그레타는 날이 춥거나 덥거나,

비가 오나 눈이 오나 파업을 계속했다.

그레타는 아침부터 저녁까지 정말 많이 바빴다. 그래서 여동생 베아타와 부모님, 두 마리의 반려견과 함께 보낼 수 있는 시간이 거의 없었다. 쉬는 날도 없었다. 그레타는 아침 6시에 일어나 새로운 하루를 시작했다. 그리고 정말 피곤할 때마다 머리를 양 갈래로 땋은 자신의 모습이 유명해진 이유를 생각하면서 다시 힘을 내 앞으로 나아갔다.

그레타의 부모는 그레타가 학교로 돌아가 좋은 성적을 받는 것을 보면서 더욱 딸을 지지해 주기로 결심했다.

그레타는 그 누구보다 부모님의 도움이 필요했다. 열다섯 살 소녀가 혼자 세계를 여행할 수는 없었기 때문이다. 아버지 스반테는 그레타와 함께 기차를 타거나 전기 자동차를 운전하며 유럽의 여러 도시를 함께 가 주었다.

긴 갈색 머리를 묶고 얼굴에 늘 웃음을 머금고 있는 스반테는, 십 대 환경 운동가의 아버지로서 적절하게 행동했다. 그는 사람들과 이야기하는 법을 잘 알고 있었고, 세계에서 가장 큰 컨퍼런스의 연단에 설 딸의 마음을 편하게 만들 줄 알았다. 그리고 언제나 그레타의 옆에 있었다. 그는 지구를 보호하려는 딸을 위해 헌신적으로 도왔다. 신문 기자들이 종종 그를 인터뷰하기도 했는데, 스반테가 대답하지 못했던 질문은 없었다.

그레타가 할 일이 많아질수록 아빠의 손길은 더욱 중요했다. 파나마, 뉴욕, 샌프란시스코와 같은 다른 대륙의 도시에서도 그녀를 초청했다. 하지만 그 도시에 가려면 비행기를 타야 했다. 그레타는 환경을 먼저 생각했기 때문에 이 초청을 받아들이지 않았다. 그러나 가까운 장소에는 갈 수 있었다. 그레타가 갈 수 있는 곳 중에는 아주아주 중요한 곳이 있었다.

2019년 1월 말, 다보스에서 열리는 '세계 경제 포럼'에서 그레타에게 참석해 이야기해 줄 것을 요청해 왔다.

다보스는 스위스의 평화로운 마을이다. 아름다운 목조 건물과 아기자기한 집들이 울창한 숲과 골짜기에 펼쳐져 있었다. 1971년 이후로 매년 1월 말이 되면 전 세계의 중요한 정치인, 경제 전문가, 지식인, 기자, 과학자가 다보스에 모여서 세계가 당면하고 있는 중요한 문제를 토론한다.

다보스는 지구의 주요 인물들이 찾는 이 시기를 제외하면 알프스에서 스키를 타려는 사람들이 찾는 조그마한 산골 마을이다. 하지만 '세계 경제 포럼'이 열리는 때만큼은 각 분야의 전문가들이 강연, 회의, 토의를 함께 진행하고 문제 해결을 위해서 노력하는 중요한 곳이 된다. 그런데 이때 나온 이야기들과 진행 사항은 오로지 다보스 포럼에 참석한 사람들만 알고 있다. 왜냐하면 이 모임은 특정한 사람에게만 개방되어 있기 때문이다.

참석자들의 중요성과 보안, 기밀성이 다보스 포럼을 세상에 하나밖에 없는 행사로 만들었다. 다보스 포럼에서 이야기를 하려면 초청을 받아야만 한다. 그레타의 이름은 다보스 포럼 참석자 명단에 당당하게 올라가 있었다.

그레타는 목도리와 모자, 두툼한 재킷, 빨간 가방, 그리고 '기후 변화를 위한 학교 파업' 문구를 준비했다. 1월의 어느 차가운 아침, 그레타는 여행을 시작했다. 새벽 동이 트기도 전에 기차역으로 가 남쪽으로 향하는 기차를 탔다. 스웨덴 지방 도시인 스카니아를 거쳐 덴마크를 통과해 독일에 도착한 후 다시 야간 기차를 타고 스위스 취리히로 이동했다.

약 30시간의 여행 끝에 다보스에 도착한 그레타를 카메라와 마이크로 무장한 신문 기자들이 마중했다. 그레타는 손에 피켓을 쥐고 벤치에 앉아 자신이 나중에 과거를 되돌아보았을 때 올바른 선택을 했다고 믿기를 바란다고 말하며 기자들의 질문에 대답했다.

그레타는 다보스에서 호텔에 묵지 않았다. 호텔 대신 북극 베이스캠프에서 숙박했다. 베이스캠프는 과거 북극 탐험대가 사용했던 것 같은 큰 텐트였는데 옆에는 유명한 호텔 '샤츠알프'가 있었다. 이 어울리지 않는 광경은 북극과 남극 빙해들이 기후 변화로 어떻게 달라지고 있는지 보여주기 위한 비영리 단체의 기획이었다. 그레타는 영하로 떨어지는 스위스 겨울의 차가운 기온을 느끼며 자신의 노란색 침낭에서 잠들었다.

다음 날 그레타는 사람들을 만난 후 기후 변화의 책임이 모두에게 있다는 점을 다시 한번 일깨웠다.

그레타의 말을 듣기 위해서 찾아왔던 사람들 중에는 외교관과 과학자도 있었지만 유명 가수 윌.아이.엠과 보노도 있었다. 또 침팬지와 인간의 유사성을 연구하기 위해 침팬지와 몇 년 동안 함께 살았던 영국의 동물학자 제인 구달도 찾아왔다. 제인 구달과 그레타는 함께 사진을 찍기도 했다.

그레타는 앞에 있는 사람들의 유명세나 명성, 지위에 얽매이지 않고 자기의 이야기를 들려주었다. 학생들으로 구성된 작은 그룹과 이야기하든, 지구상의 유명인들이 모인 큰 그룹과 이야기하든 그레타에게 상대는 별로 중요하지 않았다.

검은 정장을 입고 비장한 눈빛을 보내는 사람들이 그레타를 에워싸고 있었지만 그녀는 또래 아이들의 옷차림과 다르지 않았다. 그리고 그레타답게 연단에 올라 힘 있게 이야기를 시작했다.

"어른들은 젊은이들에게 희망을 주겠다는 말을 합니다. 우리는 희망을 원하지 않습니다. 오히려 어른들이 공황 상태에 놓인 것처럼 행동하기를 바랍니다. 지구가 위기 상황에 놓여 있다고 믿고 행동하면 좋겠습니다. 왜냐하면 그것이 지금 실제로 일어나고 있는 사건이기 때문입니다. 우리의 집은 불타고 있습니다."

우리가 살아가는 집인 지구는 불이 붙은 것처럼 점점 뜨거워지고 있다. 그리고 어른들이나 힘 있는 사람들은 미래의 젊은이를 위해 책임감을 갖고 행동해야 했다.

다음 날 그레타는 다보스의 거리에서 진행되는 기후 파업에 참여했다. 그리고 또래 친구들과 함께 현재의 상황을 걱정했다.

그다음 날에는 다시 북쪽으로 향하는 기차를 계속해서 갈아타야 하는 복잡한 일정이 기다리고 있었다.

    열다섯 살 아이가 지구에서 힘 있는 사람들에게 던진 말은 여러 사람의 시선을 끌었다. 그레타는 그들이 기후 변화에 대해서 관심을 갖게 만드는 데 성공했다. 어려운 상황을 헤치고 한걸음 나가기 시작한 것이다. 프랑스 대통령, 유럽 연합의 여러 지도자, 다보스 포럼에 참석했던 전문가들은 지구의 현재 상황 앞에서 신속하게 행동할 필요가 있다는 사실을 깨닫기 시작했다.

    그러나 기자들이 환경 문제에 대해 세계가 보이는 관심을 긍정적으로 생각하는지 묻자 그렇지 않다고 대답했다.

    정말 중요한 것은 대기를 채우고 있는 온실가스 배출량을 제한하는 것이며, 지금도 온실가스가 감소하지 않고 있다는 것이었다. 총회가 끝난 뒤에도 현실이 바뀌지 않는다면, 유명 인사들이 고개만 끄덕이는 것은 그렇게 중요한 일이 아니었기 때문이다.

8
미래를 위한 금요일

그레타가 기후 변화를 위한 학교 파업을 결정한 지 7개월밖에 지나지 않았지만 정말 많은 것이 변하기 시작했다. 가장 중요한 변화 중에 하나는 세계가 현재 지구의 상황이 정말 심각하다는 사실을 깨닫게 된 것이다.

세계 여러 국가의 국회와 주요 거리에서 파업과 항의가 점점 더 빈번하게 일어났다. 아이와 청소년이 광장으로 나왔고 '어른'에게 책임을 다할 것을 요구하기 시작했다.

그리고 매주 금요일, 학생들이 행동하려는 이 움직임에

'미래를 위한 금요일'이라는 이름도 생겼다. 청소년들이 파업을 하고 이를 공유하는 목적은 정치인들의 신속한 결정과 행동이 중요하다는 점을 일깨우기 위한 것이었다.

그리고 실제로 변화를 만들어 내는 정치인도 있었다. 그는 벨기에 수도 브뤼셀에 있는 유럽 의회의 의장이었다.

2019년 2월, 그레타는 브뤼셀에 방문했다.

제2차 세계 대전의 고통과 재앙은 유럽 사람들의 기억 속에 여전히 살아 있다. 특히 브뤼셀은 전쟁의 상처를 고스란히 갖고 있는 도시였다.

전쟁이 끝나고 1957년에 프랑스, 독일, 이탈리아, 벨기에, 네덜란드, 룩셈부르크로 구성된 여섯 개 나라의 정치인들은 브뤼셀에 모여서 상호 경쟁보다는 각 나라의 경제를 활성화시키고 발전시켜 나가기 위해서 서로 돕고 힘을 모으고자 했다. 그리고 조금 복잡한 이름의 경제 공동체를 만드는 데 합의했다. 바로 유럽 연합이다.

오늘날에는 유럽 내에서 서로 검문이나 심사를 하지 않고 국경을 넘을 수 있다. 이런 큰 규모의 협력과 연합은 유럽에서 처음 시도를 했다. 이후 유럽 사람들은 경쟁하는 것보다 서로 힘을 합치는 것이 더 이득이라는 사실을 인식했고, 유럽의 다른 나라도 점차 함께하기 시작했다. 그리고 지금은 각국의 국회뿐만 아니라 유럽 연합의 여러 기관에 속한 대표자 역시 유럽 사회에서 중요한 역할을 하고 있다.

브뤼셀 근교에 유럽 연합의 기관들이 모여 있는 지역이 있다. 이곳에는 큰 유리창으로 된 건물들이 줄지어 서 있었다. 세련된 건물 앞에는 유럽 여러 나라의 국기가 바람에 휘날리고 있었는데, 그레타는 바로 그 건물로 갔다.

딱딱하고 무게 있는 말로 환경 문제를 해결할 수는 없다. 만약 사람들이 자신의 일을 책임감 있게 수행했다면 지금의 상황이 얼마나 위급하고 중요한지 이미 알고 있어야 했다. 또 최대한 빨리 개입했어야 한다.

사람들이 큰 강당에 모여 있었다. 유럽 정치인들은 침묵 속에 앉아 있었고 전 세계에서 온 기자들은 그레타의 모습을 카메라에 담기 위해 분주하게 움직였다.

"우리는 여러분이 만든 혼란스러운 상황을 정리하고 있습니다. 이 문제가 해결될 때까지 우리는 멈추지 않을 것입니다."

그레타가 단호한 어조로 이야기했다.

환경 문제는 시급하게 다루어야 할 필요가 있었다. 새로운 세대가 자라 정치인이 될 때까지 기다릴 시간이 없었다.

한편, 몇몇 주요 정치인들과 영국 수상이었던 테레사 메이는 등교를 거부하며 거리 시위에 참여한 학생들을 비판했다. 그레타는 브뤼셀의 기회를 빌려 이 비판에 대한 반론을 덧붙였다.

"등교를 거부함으로써 소중한 시간을 낭비하고 있다고 말하는 사람들에게, 우리 시대의 정치인들은 문제를 부인하면서 해결하려는 노력도 하지 않은 채 수십 년 동안 시간을 낭비했다는 점을 말씀 드리고자 합니다."

그리고 학교 밖에서 아까운 시간을 허비했다고 걱정하는 사람들에게, 오히려 그들이 직장을 파업하는 것이 앉아서 아이들을 걱정하는 것보다 더 나을 것이라고 말했다. 그레타는 이 사람들에게 아이들과 함께 시위를 하면서 문제를 해결할 수 있다면, 모두 제자리로 돌아가 자신의 일을 할 수 있는 시간이 더 빨라질 거라고 말했다.

'미래를 위한 금요일'에 그레타는 이제 자기 혼자 목소리를 내는 것이 아니었다. 2019년 3월 15일, 수많은 사람이 세계 곳곳에서 미래를 위한 파업에 참여해 목소리를 높였다.

2018년 8월 20일, 스웨덴의 국회 의사당 릭스다그 앞에 있었던 것은 그레타 혼자였지만 지금은 131개국의 2000개가 넘는 도시에서 그레타의 생각에 동의한 사람들이 파업에 동참하고 있다. 이탈리아에서만 수천 명의 청소년이 그레타를 지지하고 있다. 저멀리 한국에서도 '미래를 위한 금요일'에 함께하는 학생들이 늘어나고 있다.

2018년 여름의 끝자락에 머리를 딴 용감한 소녀가 스톡홀름 수백만의 사람들에게 변화를 요구할 것이라고는 누구도 상상하지 못했다.

스톡홀름에서 시위가 진행될 때 멀리 미국에서도 함께하기를 원하는 사람들이 도착했다.

많은 사람이 그녀와 함께 사진을 찍고 싶어 했고, 그녀의 손을 잡고 고맙다고 했다. 마침내 그레타가 무대에 오르자 많은 사람이 환호했다.

이 모습을 본 몇몇 사람은 1955년, 앨라배마주에서 백인 남성에게 자리를 양보하는 것을 거절했던 최초의 아프리카계 미국인 여성 로자 파크스를 떠올렸다.

로자 파크스의 행동은 당시 미국 흑인 시민권 운동의 시작이었다. 미국 연방 법원의 판사는 유색인종에 대한 사람들의 잘못된 태도를 변화시킬 만한 결정을 내렸다.

앨라배마주에 살던 아프리카계 미국인들이 자신들에 대한 차별을 몰랐던 것은 아니었다. 하지만 로자 파크스처럼 행동했던 사람은 없었다. 그녀가 자리를 양보하지 않고 변화를 요구했던 것은 역사적인 사건이었다. 이 사건은 현실을 일깨우고 사람들이 행동할 수 있도록 용기를 주었고, 결과적으로 상황이 변할 수 있었다.

실제로 그레타는 로자 파크스에게서 영감을 얻었다.

2019년 3월 15일에 엄청나게 많은 아이와 학생이 광장을 찾았다. 이들이야 말로 이전 세대가 만든 문제를 진지하게 고민했던 사람들이다.

기자들은 이들에게 복잡한 질문을 던지고 어떤 해결책이 있는지 물었다. 몇 사람은 이 사건을 '젊은이들의 혁명'이라고 표현하기도 했다.

연단에서 한 소녀가 해결책을 찾아 광장으로 나온 학생들과 이야기하기 시작했다. 그들은 지구 온난화를 멈출 수 있는 '마법의 레시피' 같은 건 없다면서 수많은 수치를 확인하고 더 공부할 필요가 있다고 이야기했다.

그렇다. 바로 그 소녀는 그레타였고 함께 항의하는 학생들은 어른들, 즉 정치인이나 뭔가 할 수 있는 힘이 있는 사람들이 실제로 행동하지 않으면 자신들의 항의를 멈추지 않을 것이라고 이야기했다.

학생들이 무엇을 말하든 이를 이해하고 결정하는 것은 어른들의 책임이었다.

9
노벨 평화상 후보에 오르다

그레타가 환경 문제를 쉽게 해결할 수 있는 방법을 알고 있었던 것은 아니다. 그레타의 목적은 여러 과학자나 전문가가 이야기하는 기후 변화에 대해서 정치인들의 관심을 이끌어 내는 것이었다.

행동하지 않는 것은 위험한 일이었다. 지구 온난화가 불러온 기후 변화는 지구의 삶을 끊임없이 위협하고 어렵게 만들고 있었다. 때로 환경으로 인한 재해는 전쟁이나 국제 분쟁을 일으키기도 한다. 따라서 '미래를 위한 금요일'은 평화를 위한 노력이기도 했다.

그레타는 열다섯 살 소녀가 했다고 믿기 힘든 결과를 만들어 낸 점을 높이 평가받아 노벨 평화상 후보로 추천되었다. 그런데 십 대 소녀가 노벨 평화상 후보에 오른 것은 이번이 처음은 아니다. 2014년, 열입곱 살의 말랄라 유사프자이가 파키스탄에서 여자 아이들과 청소년이 학교에 갈 수 있는 권리를 위해 싸운 공으로 노벨 평화상 후보에 올랐고 결국 상을 받았다. 당시 파키스탄의 탈레반은 여학생이 등교하는 것을 금지했다.

프랑스 파리의 시장 앤 이달고는 "젊은 여성이 목소리를 내고 젊은이를 이끄는 것은 다른 누구도 아닌 젊은이들에게 큰 영감을 줄 것이다."라고 말하기도 했다.

그레타를 비난하는 사람들은 그레타가 학교에 가지 않았기 때문이다. 하지만 이를 두고 그레타는 자신이 학교에 가지 않아서 잃어버렸던 시간을 논쟁하는 대신, 기후 변화를 걱정하는 과학자와 전문가의 이야기를 듣고 정보를 얻으라고 답했다. 등교 거부가 문제의 핵심이 아니기 때문이다.

그레타가 유명해지면서 또 다른 긍정적인 일이 일어났다. 사람들이 아스퍼거 증후군에 대해서 더 잘 알게 된 것이다. 그레타처럼 아스퍼거 증후군이 있는 아이들은 새로운 친구가 적고 사람들을 알아가는 데 어려움을 겪으며, 사

소한 일에 대해서 심각하고 진지하게 이야기하는 경우가 있지만 그에 못지않은 재능이 있다. 그레타는 많은 사람에게 스스로 그런 점을 보여 주었다. 즉, 모든 사람에게 자신만의 재능이 있다는 사실을 증명한 것이다.

아이들을 위한 지구 온난화 이야기

오늘날 우리의 삶은 조상들이 살았던 삶과 많이 다르다. 몇 세대 전의 할아버지, 할머니는 우리가 보지 못했던 세상에서 살았다. 이동을 편하게 해 주는 자동차, 집을 따뜻하게 데워 주는 난방 장치, 집 안 곳곳에서 작동하는 가전제품, 먼 나라로 빠르게 가게 해 주는 비행기는 모두 근래에 일어난 변화였다. 최근 200년간 인류가 살아가는 방법은 정말 빠르게 변했다. 그리고 점점 더 새로운 기술이 인간의 삶을 계속 변화시키고 있다.

우리의 삶이 급격하게 변할 수 있었던 이유는 화석 연료 때문이다. 석유는 우리가 매일 타는 자동차를 움직인다. 석탄은 세탁기나 냉장고, 에어컨 같은 가전제품을 작동시키는 전기를 생산한다. 또 지하에서 뽑은 천연가스는 자동차 연료와 난방을 하는 데 쓰인다. 우리는 그동안 화석 연료를 얼마나 사용했고 얼마나 남아 있는지 자세히 알지 못하지만, 지금처럼 살아가려면 앞으로 훨씬 더 많은 화석 연료가 필요하다는 것은 잘 알고 있다.

화석 연료를 태우면 태울수록 우리 생활은 더 편해진다. 하지만 치명적인 부작용이 있다. 바로 화석 연료를 태울 때 발생하는 연기이다.

과학자들은 이 연기를 '온실가스'라고 불렀고, 대표적인 온실가스가 이산화 탄소이다. 온실가스는 공기 중에 퍼져 하늘을 뒤덮는다. 그리고 계속 그곳에 머물러 있는다. 온실가스는 태양 광선을 통과시켜 주지만 지구에서 열이 빠져나가는 것을 막는다.

지구의 대기에서는 '온실 효과'라고 불리는 현상이 일어난다. 온실 효과란 지구의 대기가 태양열의 일부를 흡수해 지구의 온도를 높이는 작용으로, 지구에 생명이 살 수 있게 만들어 주는 기본 조건 중 하나이기도 하다. 그러나 오늘날의 문제는 대기 중의 이산화 탄소가 모여 지구의 온도를 높이고 있다는 것이다.

해마다 지구의 평균 기온은 천천히 상승하고 있다. 우리는 온도가 오르는 것을 잘 눈치채지 못한다. 왜냐하면 온도가 매우 조금씩 오르고 있기 때문이다. 여러 과학자가 전 세계의 기온 변화를 매년 기록하고 있으며, 이들은 우리에게 경각심을 불러일으킨다. 이 변화의 결과는 정말 치명적일 수 있기 때문이다.

몇몇 재앙의 징조는 우리도 이미 잘 알고 있다. 극지방의 빙산이 녹아 해수면이 상승하고 있고, 기후에 대한 예측은 점점 더 어려워지고 있다. 어떤 곳에서는 폭우가 내리고, 어떤 곳에서는 폭풍과 허리케인이 발생하고 있다. 이상 기후가 점점 더 많이 관찰되고 있는 것이다.

이상 기후 현상은 매우 다양한 이유로 일어난다. 과학자

들이 이런 현상을 지속적으로 관찰하고 있지만 앞으로 어떤 일이 벌어질 것인지 확실하게 예측하는 것은 어렵다. 하지만 이상 기후 현상을 줄이기 위해서는 온실가스의 배출량을 줄이고 지구 온도의 상승폭을 최소한으로 낮춰야 한다는 것은 알고 있다.

우리는 무엇을 할 수 있을까?

지구 온난화는 매우 복잡한 문제라 전문가도 완전한 해결책을 찾기는 힘들다. 하지만 많은 학자가 대기 중에 있는 온실가스를 줄여야 지구의 온도 상승을 막을 수 있다는 점에는 동의하고 있다. 이산화 탄소 배출량, 즉 탄소 발자국을 줄이기 위해서는 국가 차원의 신속한 결정이 필요하다. 그레타 툰베리가 국회 앞에서 항의했던 것도 이 때문이다.

우리의 일상생활 속 작은 습관으로도 지구의 건강을 지킬 수 있다. 나도 모르게 지구를 위협했던 행동들을 살펴보고 줄여 나가자.

1 자동차를 사용하는 것을 가능한 한 줄이자. 가장 친환경적인 선택은 걷거나 대중교통을 이용하는 것이다. 50명의 승객을 태운 버스는 두 사람이 한 대의 차를 타는 것보다 환경을 훨씬 덜 오염시킨다.

2 만약 꼭 자동차를 타야 한다면 당신이 가고 싶은 장소에 가려는 친구들이 더 있지 살펴보고, 함께 타고 가자. 가능한 여러 명이 함께하는 것이 좋다.

3 방에서 나갈 때는 꼭 불 끄는 것을 기억하자. 여러분의 집을 밝게 비춰 주는 전기는 화석 연료를 사용하는 화력 발전소에서 만든 전기일 가능성이 높다.

4 물을 데우는 것은 환경을 오염시킨다. 정말 필요한 경우에만 따뜻한 물을 사용하고 물을 낭비하지 않도록 주의하자.

5 목욕보다 샤워를 하자. 이것은 물을 따뜻하게 만드는 데 필요한 전기나 가스를 아끼는 가장 쉬운 방법이다.

6 선물을 포장할 때 쓰는 비닐이나 플라스틱 상자는 쓰레기를 만들고 환경을 오염시킨다. 선물 상자는 작을수록 좋다.

7 제철에 나는 채소와 과일을 선택하자. 계절을 벗어난 과일이나 채소가 보인다면 그건 아마도 따뜻한 먼 나라에서 온 것일 확률이 크다. 과일이 당신에게 오는 과정은 지구의 온도를 높이는 원인 중 하나이다.

8 새로운 것을 사기 전에 정말 필요한지 스스로 질문해 보자.

9 겨울에 보일러의 온도를 너무 높이지 말자. 집에서는 실내 온도를 내리고 따뜻한 옷을 입고 있자.

10 여름에는 에어컨 사용을 줄이자. 집 안을 시원하게 만드는 데에도 전기가 필요하다.

11 가정에서 쓰는 전기를 생산할 때 나오는 연기가 공기 중의 이산화탄소 농도를 높인다는 사실을 꼭 기억하자. 전기 낭비를 줄이자.

용어 설명

국회 시민들이 투표를 통해서 선출한 국회의원이 일을 하는 곳이다. 국회의원은 시민의 안정적인 삶을 보장하기 위한 법안을 내고 제정한다.

기후를 위한 파업 모든 사람이 기후 변화를 심각하게 생각하는 것이 아니라는 사실을 알게 된 그레타 툰베리가 시작한 학교 파업이다. 그레타는 2018년 8월에 학교를 가는 대신 스웨덴의 국회 앞에 혼자 앉아 있었다. 이후

많은 사람이 그레타에 공감하며 함께 행동했다. 그리고 그레타는 지금도 정치인들이 환경 문제를 대면하고 신속한 결정을 내릴 것을 촉구하며, 파업을 진행 중이다.

기후를 위한 행진 전 세계 수백만 명의 사람이 정치인들에게 환경 보호에 적극적으로 행동할 것을 요구하며 항의하는 가장 큰 집회이다.

노벨상 매년 가치 있는 개인이나 그룹에게 부여되는 중요한 상 중 하나이다. 그레타는 노벨 평화상 후보로 추천되었다. 그녀는 지구 온난화 문제를 알리는 데 기여했으며, 계속 자신의 행동을 해 나간다면 아마도 인류의 비극적인 상황을 바꿀 수도 있을 것이다.

대기 우리가 살아가는 지구의 표면을 둘러싸고 있는 기체이다. 지표면으로부터 약 1000킬로미터 정도까지를 대기권이라고 한다. 지면과 가까운 대기에서는 비나 눈 같은 기상 현상이 일어난다. 만약 대기가 지금과 다르게 변하거나 혹은 그 고유한 성격이 달라진다면 지구의 삶은 더 이상 불가능할 것이다.

릭스다그 스톡홀름에 있는 스웨덴 국회를 말한다. 그레타는 이곳에서 기후 변화를 막기 위한 행동을 촉구하는 항의를 하기로 결심한다.

미래를 위한 금요일 전 세계의 학생들이 금요일에 학교를 가지 않고 기후 변화에 대해 항의하는 집회이다. 학생들은 지구가 보호받아야 하며 미래의 자신들도 존중받아야 한다는 사실을 알렸다.

빙산 봄과 여름에도 녹지 않고 남아 있는 얼음덩어리를 빙산이라고 한다. 지구에서 빙산이 가장 많은 곳은 그린란드와 남극이다.

온실 효과 지구 표면에서 나온 태양 복사 에너지가 대기를 빠져나가기 전에 흡수되어, 지구의 기온이 상승하는 현상이다.

온실가스 지구를 오염시켜 온실 효과를 일으키는 가스를 말한다. 이산화 탄소, 메탄 같은 가스가 대표적인 온실가스이다.

제24차 유엔 기후 변화 협약 당사국 총회 전 세계 각국의 대표자가 이산화 탄소의 배출량을 제한하기로 한 파리 기후 협약 이후, 폴란드 카토비체에서 실천 방안과 결정을 위해 약 2주간 논의한 바 있다.

유엔 전 세계 193개의 국가가 가입된 국제기구이다. 평화를 유지하고, 폭력을 불러오는 분쟁을 해결하기 위해서 노력하고 있다. 유엔에서는 각국의 우호를 증진하며 세계 시민의 인권과 자유를 위해서 일하고 있다.

이산화 탄소 대기 중에 존재하는 기체로 식물이 광합성을 할 때 쓰인다. 온실 효과를 일으키는 대표적인 온실가스 중 하나이기도 하다.

전기 집 안을 환하게 밝혀 주고, 가전제품을 작동시킨다. 전기가 있기 때문에 매일 공장에서 우리가 사용하는 물건들이 문제 없이 생산된다. 문제점은 대부분의 전기가 화석 연료를 태워서 만들어지고 있다는 점이다. 화석 연료는 온실가스를 배출한다.

지구 온난화 최근 백 년 동안 일어난 지구 온도의 상승 현상을 말한다. '지구'라는 표현은 이 현상이 지구 전체에서 관찰되기 때문이며, 이는 지구 곳곳에서 여러 가지 심각한 문제를 만들어 내고 있다. 과학자들은 한 세기 동안 평균적으로 0.75℃의 온도가 상승했다고 계산했다.

탄소 발자국 사람이 활동하거나 상품을 생산·소비하는 과정에서 직간접적으로 발생하는 이산화 탄소의 총량을 말한다. 사람, 마을, 항공기, 공장에서 배출하는 온실가스의 양을 측정하는 데 사용한다.

테드 테크놀로지 엔터테인먼트 디자인의 약자로, 정치인, 과학자를 비롯해 반짝이는 아이디어를 갖고 있는 여러 분야의 사람들이 매년 테드의 연단에 선다. 이들은 자신이 가장 잘 아는 주제에 대해서 이야기한다. 테드의 컨퍼런스는 '퍼뜨릴 만한 가치가 있는 생각'이라는 관점에 따라 기획된다.

해수면 상승 빙하가 녹으면서 바다의 표면이 상승한다. 과학자들은 얼마 지나지 않아 세계의 많은 지역이 물에 잠기게 될 것이라고 예고했다.

화석 연료 선사 시대의 동물 혹은 식물의 유기물이 땅속에 묻혀 수백만 년이 흐르는 동안 화석같이 굳어진 물질이다. 이 물질이 오랫동안 지속적으로 분해되어 석유, 천연가스, 혹은 석탄을 만들어 냈다.

환경 운동가 환경 파괴에 대한 문제를 다루고 집회를 조직하고 항의하며, 다양한 정보를 전달하기 위해서 노력하는 사람들이다.

환경 오염 연표

인간이 저지른 환경 오염과 지구 온난화에 관한 짧은 역사이다.

1765 스코틀랜드의 기계공인 제임스 와트가 1705년, 증기를 통해 동력을 얻는 증기 기관을 완성했다. 제임스 와트의 발명은 산업 혁명을 가능하게 했으며, 인간의 삶을 송두리째 바꿔 놓았다. 기계가 사람을 대신해서 더 빠르고 효율적으로 일할 수 있게 된 것이다. 특히 짧은 시간

에 물건을 대량 생산할 수 있도록 해 주었다. 문제는 증기 기관을 이용하는 데 화석 연료가 필요하다는 것이었다. 산업 혁명과 함께 환경 오염 문제들이 생겨나기 시작했다.

1824 프랑스의 수학자 조제프 푸리에는 지구가 계속 햇빛을 받으면서도 태양처럼 뜨거워지지 않는 이유를 찾아냈다. 최초로 '온실 효과'를 설명해 낸 것이다.

1883 유럽의 여러 나라에서 자동차 공장을 짓기 시작했다. 당시 자동차는 엄청나게 크고, 매우 천천히 움직였다. 대략 1시간에 50킬로미터를 이동했다. 자동차가 대기 중에 이산화 탄소를 내뿜으며 길 위를 돌아다닐 거라고 상상하는 사람은 아무도 없었다.

1952 12월, 런던에 걷잡을 수 없는 대기 오염이 시작됐다. 화석 연료 사용이 증가하면서 엄청난 양의 스모그가 발생한 것이다. 스모그는 연기라는 뜻의 영어 단어 스

모크(smoke)와 안개 포그(fog)의 합성어이다. 당시 영국의 상황은 몇 미터 앞을 보기 힘들 정도로 심각했다. 자동차 운전은 아예 불가능했으며, 대중교통이 멈췄고 학교는 문을 닫았다. 또한 사람들의 건강에도 치명적인 문제가 생겼다. 영국인들은 이때 처음으로 대기 오염의 결과에 대해서 심각하게 생각하게 되었다.

1972 호주의 태즈메이니아에서 역사상 처음으로 환경을 보호하고 지키기 위한 첫 번째 정당인, 녹색 정당이 탄생했다.

1973 영국에서 호주 사람들이 녹색 정당을 생각하는 태도에 영감을 받아 국민당(오늘날 생태당)이 창당했다.

1979 과학자들이 기후 변화를 인식했고 정치인들은 이 문제를 다루기 위해서 처음으로 세계 기후 협약을 기획했다.

1997 교토에서 각 나라의 대표가 모여 지구 온난화의 주범인 온실가스 배출량을 감축하기로 합의했다. 이때 교토 의정서가 채택되었다.

2015 각 나라의 대표가 파리에 모여 기후 변화로 인한 지구의 위기를 이야기했다. 이들은 지구 평균 기온 상승 폭을 2℃이하로 낮추는 데 합의했다.

2018 그레타 툰베리는 2018년 8월 20일, 스웨덴의 국회 앞에서 항의하기 위해서 학교를 가지 않기로 결정했다.

2021 길어진 장마, 이례적인 폭염, 그리고 코로나19 바이러스까지. 기후 변화로 인한 지구 온난화와 생활 방식의 변화로 전 세계 곳곳에서 이상 현상이 일어나고 있다. 그레타 툰베리는 유엔, 유럽 의회, 그린피스 시위에 참여하며 여전히 '기후 정의'를 외치고 있다. 최근에는 그레타 툰베리의 이야기를 담은 다큐멘터리 영화가 개봉했다.

참고 자료

그레타에 대해서
더 많이 알고 싶다면
아래 기사도 읽어 보자!

1) 그레타 툰베리 테드 강연

2018.11.24.

https://www.ted.com/talks/greta_thunberg_the_disarming_case_to_act_right_now_on_climate

2) 그레타 툰베리 제24차 유엔 기후 변화 총회 연설

2018.12.15.

https://www.youtube.com/watch?v=VFkQSGyeCWg

3) 그레타 신드롬… 세계 휩쓰는 '착한 소비'
16세 스웨덴 소녀 그레타 친환경·공정 무역
제품 쓰며 생활 속에서 착한 소비 실천
SNS 타고 기성세대도 동참, 이케아 등
기업 전략까지 바꿔 <매일경제> 2019.07.16.

https://www.mk.co.kr/news/business/view/2019/07/529014/

**4) 그레타처럼… 채식하고 비행기 대신
기차 타고 환경 보호 메시지에 공감**
10대·할아버지·성직자… 다양한 세대가 응원
<매일경제> 2019.07.16.

https://www.mk.co.kr/news/business/view/2019/07/528970/

**5) [세상읽기] '그레타 효과'와
그 한계를 넘어**
<경향신문> 2019.07.12.

http://news.khan.co.kr/kh_news/khan_art_view.html?artid=201907122038005&code=990100

6) **기후 위기는 인권의 위기다**
그레타 툰베리 나비효과
<프레시안> 2019.07.18.

http://www.pressian.com/news/article/?no=247625&utm_source=naver&utm_medium=search#09T0

7) **그레타 툰베리의 '경고', 남의 이야기가 아닙니다**
한국의 청소년들도 '기후 행동'에 동참…
기후변화 '정치적 의제'로 받아들여져야
<오마이뉴스> 2019.05.31.

http://www.ohmynews.com/NWS_Web/View/at_pg.aspx?CNTN_CD=A0002541554&CMPT_CD=P0010&utm_source=naver&utm_medium=newsearch&utm_campaign=naver_news

8) **"공부 안중요해" 학교 파업…
전 세계 퍼진 16세 소녀 시위 왜**
<중앙일보> 2019.05.24.

https://news.joins.com/article/23477839

9) 노벨 평화상 후보에 오른 16세 스웨덴 중딩 '그레타 툰베리' 근황
   <SBS> 2019.04.18.

   https://news.sbs.co.kr/news/endPage.do?news_id=N1005228322&plink=ORI&cooper=NAVER

10) 16세 자폐증 소녀가 지구를 구할까?
    <한겨레> 2019.04.23.

    http://www.hani.co.kr/arti/international/international_general/891165.html#csidx571b17a2abe1e56866b56d5389be8fb

11) 노벨 평화상 후보 16세 그레타 툰베리 "영국 기후 변화 정책 불합리함 그 이상"
    <서울신문> 2019.04.24

    https://www.seoul.co.kr/news/newsView.php?id=20190424500055&wlog_tag3=naver#csidx1e9108994a1c139808793cbc037344e

12) '기후 변화 슈퍼스타' 16세 소녀
그레타 툰베리

<아주경제> 2019.04.26.

https://www.ajunews.com/
view/20190426135903759

13) [세계를 만나는 시간, NOW]
16세 소녀 그레타 툰베리,
노벨 평화상 후보에 오르다

<YTN> 2019.03.22.

https://www.ytn.co.kr/_ln/0104_201903221944520119

14) [지금 세계는] 10대 환경 운동가 툰베리
"기후 변화는 어른들 책임"

<KBS> 2019.07.22.

http://news.kbs.co.kr/news/view.do?ncd=4246795&ref=A

영어를 잘한다면 아래 글도 읽어 보자!

15) 그레타 툰베리, 기후 변화를 위한 학생 전사: "어떤 사람들은 그렇게 놔두지만, 난 그럴 수 없어요"
<가디언> 2019.03.11.

https://www.theguardian.com/world/2019/mar/11/greta-thunberg-schoolgirl-climate-change-warrior-some-people-can-let-things-go-i-cant

16) **스웨덴 스톡홀름에서 온 기후 활동가 그레타 툰베리**

<가디언> 2019.05.23.

https://www.theguardian.com/profile/greta-thunberg

17) **새로운 정책을 요구하는 열다섯 살 환경 운동가**

<뉴요커> 2018.10.2.

https://www.newyorker.com/news/our-columnists/the-fifteen-year-old-climate-activist-who-is-demanding-a-new-kind-of-politics

18) **십 대가 세계 기후 항의를 시작했습니다. 당신은 무엇을 하고 있습니까?**

<와이어드> 2019. 3. 12.

https://www.wired.com/story/a-teen-started-a-global-climate-protest-what-are-you-doing/

19) 기후 변화: 호주 학생들의 항의 시위

<CNN> 2018. 11. 30.

https://edition.cnn.com/2018/11/30/australia/australia-school-climate-strike-scli-intl/index.html

20) 기후를 위한 투사 그레타 툰베리의 새로운 세대를 위한 탄원

<스트레이트 타임즈> 2018. 12. 5.

https://www.straitstimes.com/world/europe/climate-crusading-schoolgirl-greta-thunbergpleads-next-generations-case

21) 노벨 평화상 후보로 지명된 그레타 툰베리

<가디언> 2019. 3. 14.

https://www.theguardian.com/world/2019/mar/14/greta-thunberg-nominated-nobel-peace-prize

22) 그레타 툰베리: "전 세계로 퍼지는 기후를 위한 파업을 시작한 이유"
<뉴 사이언티스트> 2019. 3. 13.

https://www.newscientist.com/article/mg24132213-400-greta-thunberg-why-i-began-the-climate-protests-that-are-going-global/

23) 지금이 우리의 암흑기입니다. 혁명의 선언
지구를 구하기 위해서 시민 불복종을 외치는 새로운 그룹
<커몬 드림스> 2018. 10. 31.

https://www.commondreams.org/news/2018/10/31/our-darkest-hour-declaration-rebellion-new-group-vows-mass-civil-disobedience-save

24) 당신은 우리의 미래를 훔치고 있어요
그레타 툰베리, 열다섯 살 소녀가 기후 변화를 위해 행동하지 않는 세계를 비난하다
<와이어드> 2019. 3. 12.

https://www.democracynow.org/2018/12/13/you_are_stealing_our_future_greta

LA STORIA DI GRETA by Valentina Camerini
World copyright ⓒ 2019 DeA Planeta Libri S.r.l.
All rights reserved.
Korean translation copyright ⓒ 2019 Gimm-Young Publishers, Inc.
Korean translation rights arranged with Planeta Libri S.r.l. through Orange Agency.

이 책의 한국어판 저작권은 Orange Agency를 통한 DeA Planeta Libri S.r.l. 사와의
독점 계약으로 ㈜김영사에 있습니다.
신 저작권법에 의해 한국 내에서 보호를 받는 저작물이므로 무단전재와 무단복제를 금합니다.

인물이야기 02
지구를 구하는 십 대 환경 운동가
그레타 툰베리

1판 1쇄 발행 | 2019. 7. 29.
1판 8쇄 발행 | 2024. 9. 27.

발렌티나 카메리니 글 | 베로니카 베치 카라텔로 그림 | 최병진 옮김

발행처 김영사 | **발행인** 박강휘
편집 김인애 | **디자인** 나은민
등록번호 제 406-2003-036호 | **등록일자** 1979. 5. 17.
주소 경기도 파주시 문발로 197 (우-10881)
전화 마케팅부 031-955-3100 | **편집부** 031-955-3113~20 | **팩스** 031-955-3111

값은 표지에 있습니다.
ISBN 978-89-349-9785-6 74080
     978-89-349-9586-9 74080(세트)

좋은 독자가 좋은 책을 만듭니다. 김영사는 독자 여러분의 의견에 항상 귀 기울이고 있습니다.
전자우편 book@gimmyoung.com | 홈페이지 www.gimmyoungjr.com

이 도서의 국립중앙도서관 출판시도서목록(CIP)은 서지정보유통지원시스템
홈페이지(http://seoji.nl.go.kr)와 국가자료공동목록시스템(http://www.nl.go.kr/kolisnet)에서
이용하실 수 있습니다. (CIP제어번호 : CIP2019027847)

| 어린이제품 안전특별법에 의한 표시사항 | 제품명 도서 제조년월일 2024년 9월 27일
제조사명 김영사 주소 10881 경기도 파주시 문발로 197 전화번호 031-955-3100 제조국명 대한민국
사용 연령 10세 이상 ⚠주의 책 모서리에 찍히거나 책장에 베이지 않게 조심하세요.